Maman, Le Plus Grand Métier du Monde

Auto-analyse de l'éducation d'une mère à ses enfants

Romaine SAË

ISBN: 1527203549
ISBN-13: 978-1-5272-0354-9

À Nounou, ma Maman

Sans qui je ne serais celle que je suis,

Sans qui mes enfants ne seraient

Ceux qu'ils sont.....

À chaque Maman,

Merveilleux pont de vie

Entre le monde de l'impalpable

Et le monde des hommes

TABLES DES MATIÈRES

Aujourd'hui mes enfants sont grands. Mes trois oiseaux ont quitté le nid....

Trente, vingt-huit, vingt-trois ans.... Comme le temps a filé !!!

Je les observe, je les regarde évoluer, s'engager dans leur chemin de vie.

J'ai foi en ceux qu'ils sont, je sais qu'ils feront les bons choix.... Leurs ai- je bien donné les outils, leurs ai-je donné toutes les armes,

Je m'interroge....Ils me rassurent.... Je regarde en arrière..., je retrace la route.

Je me souviens de mes quinze ans.... Je voulais déjà être mère...

1 DU DÉSIR D'ÊTRE MÈRE TRÈS JEUNE À LA MATERNITÉ

J'ai quinze ans :

Dès que je vois des bébés, je fonds, j'aime les tenir dans mes bras, sentir leur petite peau douce, fine, délicate, collée contre ma joue.

Je ne sais expliquer ce que je ressens.

Ils m'attirent.......de plus en plus.... Je sais... Je veux un bébé, mon bébé... mais je suis trop jeune, je ne peux pas.

Heureusement ma voisine a une petite fille, un tout petit bébé. Je vais la voir souvent, de plus en plus, je m'en occupe, je m'y attache. Je me sens comme sa petite maman ... Je vois sa première dent, ses premiers pas, ses premiers mots. Elle ne sait pas prononcer mon prénom correctement, je suis sa « Mimine ». Quand elle pleure, elle m'appelle, quand elle est malade, elle me réclame. Sa maman a souvent recours à moi.

Elle grandit, Ses parents déménagent, Perdue de vue...Elle me manque, mais moi aussi j'ai grandi. Je suis une élève sérieuse, mon travail me prend du temps, et puis j'ai ma meilleure amie qui habite tout près. Le manque s'estompe, j'oublie. De temps en temps je m'occupe de mon neveu. Le temps passe.

J'ai dix-sept ans

J'entre en Terminale, c'est l'année du baccalauréat. J'ai mon premier petit ami, mon premier amour. Même si je suis toujours très heureuse d'être avec lui, je ne peux perdre de vue mon objectif « examen ».passer aux relations sexuelles pour moi n'est pas envisageable, et puis de toute façon, je sais qu'il faut une certaine stabilité pour élever un enfant.

J'ai dix-huit ans

J'ai réussi au baccalauréat. Me voilà partie à Paris. Durant un an, je travaille et mets des sous de côté .Je peux ainsi commencer mes études grâce à ces économies. Elles restent une priorité pour moi. J'ai un grand défi à relever. Je m'accroche.

J'ai vingt et un ans

Mes études se déroulent bien. Je jongle entre celles de Biologie- Géologie à Pierre et Marie Curie, et celles des Sciences de l'Éducation à la Sorbonne. Mon ami s'est installé avec moi dans ma petite chambre d'étudiante.

Je viens d'apprendre que j'attends un enfant......

inconsciemment voulu ?.... Je suis partagée entre l'euphorie de porter cet enfant et la réalité. Je n'ai pas fini mes études.... Les choses ne seront pas faciles, mais.... avec de l'amour... avec le soutien de mon ami....ça peut être formidable........

Son comportement change, il devient désagréable, agressif verbalement envers moi..... A l'origine de la décision que je prends. J'ai compris que le moment d'avoir cet enfant n'est pas propice. Je vais au planning familial, seule, sans rien dire. J'affirme ma décision de ne pas recevoir dans mon corps ce petit être que je ne connaitrai jamais. Je coupe les liens, je l'écarte de ma vie. Je me rends à l'hôpital, seule. Je subis une IVG, oui ......je subis. Je me réveille, je suis encore dans les vapeurs, mais je m'entends pleurer. Je m'entends dire : « j'ai tué mon enfant»... Je me rendors.

Après quelques heures d'observation, je rentre à la résidence universitaire .J'arrive et je ne dis rien, pendant deux jours. Et la vie continue...

Je m'attache à mes études. Je ne cesse de penser à cet enfant, à me poser des questions, comment il serait, fille, garçon ? ,,.. Pourtant j'ai la ferme conviction que c'était la seule solution envisageable, pour lui, pour moi. Donc je ne culpabilise pas...ou plus.

Les années passent. Je ne suis plus avec mon premier amour.

Mon module de Biologie est un pur bonheur, surtout l'embryologie. Je suis émerveillée par le développement fœtal, la mise en place des organes à partir de ce minuscule zygote, la morphogenèse de ce petit être, ses premiers battements de cœur. La Nature est un miracle.

Dernière année d'études, je rencontre le futur père de mes enfants, mon futur - ex- mari...

Le temps s'écoule. Je travaille. Je suis mariée.

Je désire un enfant, j'attends. Les mois passent. Chaque fin de cycle est une épreuve. L'attente..... Déception.

Je ne vois autour de moi que des femmes enceintes arborant leur beau ventre. Elles sont belles .J'ai l'impression d'en rencontrer plus que jamais je n'en ai vu. Même à la télévision.

Un, deux, sept mois, puis... Mon cœur s'emplit de joie, j'exulte, je réalise qu'une petite vie est née en moi.

Je sais que les neuf mois à venir seront les plus beaux de mon existence. Mon sourire ne me quitte plus.

Depuis que j'ai su, je caresse mon ventre et je demande à Dieu de m'envoyer une Grande Ame, une Belle Ame, venue sur Terre pour accomplir de belles et grandes choses

J'imagine chaque semaine l'évolution de mon enfant, c'est déjà mon enfant : semaine sept, son petit cœur bat déjà- semaine neuf, ses petits bras et jambes se forment- semaine onze, il entend, c'est un fœtus, petit enfant miniature Et ce sera ainsi jusqu'à la fin.

J'ai quatre mois de grossesse, quel bonheur, je ne connais ni nausée, ni vomissement, aucun désagrément associé. Je suis animée d'une énergie merveilleuse. Mon ventre s'arrondit. Et puis je sens ses premiers mouvements. C'est une grâce qui m'est offerte. J'ai ma première « photo ». Ma petite fille est si jolie !

Le temps passe. Elle prend de plus en plus de place. J'aime la sentir, la voir déformer mon ventre, voir son petit coude pointer à travers ma peau. Je lui parle, lui chante, la berce dans mon hamac. Je la caresse, je sais que c'est une belle âme à naître.

Neuf mois merveilleux se sont écoulés vite, très vite. Ma petite fille est prête. Je suis tellement heureuse de sa proche venue, mais je ne peux m'empêcher de déjà regretter cette intimité où je peux la sentir bouger en moi.

J'ai vingt- neuf ans

Aujourd'hui, 06 Février, je me réveille, je sors du lit, quelques pas et un liquide chaud dégouline le long de mes jambes .Il faut y aller. A la clinique, je m'installe dans ma chambre.

Les contractions ont commencé. Elles se rapprochent de plus en plus. La matinée est passée.

Le médecin craint pour elle, le travail dure trop longtemps....Ce jeudi à 14h03 ma petite fille est née par césarienne.

Elle est merveilleuse, je l'ai appelée Anaïs. Que de bonheur ! Je l'aime tellement ! Elle dort souvent sur mon ventre Elle me paraît si fragile, je ressens un tel besoin de la protéger.

Elle tête, et chaque tétée est un tel moment de complicité, le regard de ses grands yeux noirs perdu dans le mien.

Anaïs grandit, elle s'épanouit. Elle tétera passé douze mois tout en mangeant à l'assiette avec un complément biberon....

Je vis avec intensité sa première quenotte, ses premiers pas, ses premiers mots. Ses premières facéties, sa première rentrée scolaire ....

A part quelques petits rhumes et bronchiolites, sa santé est satisfaisante. Même si j'ai de la peine à la voir respirer avec un peu de difficulté, que je voudrais que ce soit moi, je sais que c'est nécessaire à sa construction, je sais qu'elle deviendra plus forte en passant ses premiers obstacles que la vie lui prépare.

Anaïs a maintenant deux ans.

J'ai trente et un ans

Je suis de nouveau enceinte. Je suis tellement heureuse. Je ne cesse de caresser mon ventre en demandant à Dieu de m'envoyer pour la seconde fois une Grande Ame, une belle Ame qui fera union avec la première afin de réaliser de grandes choses sur Terre.

Cette grossesse est comme la première, je pourrais réécrire la même histoire.

Mêmes sensations, mêmes émotions.

J'ai quatre mois et le médecin vient de m'annoncer que mon échographie est parfaite. Pourtant il parait quelque peu embêté. Il me demande si je veux savoir le sexe. Après mon accord, il me révèle avec hésitation que c'est encore une fille, l'air désolé....Encore !! Je me mets à rire, je lui dis que ce n'est vraiment pas un problème pour moi. Fille ou garçon, peu importe, j'ai le privilège d'avoir un enfant en parfaite santé, mon souhait le plus cher est que ce soit une belle âme. Il est étonné de ma réaction, il sourit.

Neuf mois passés, tout comme la première fois..... Déjà..... Bonheur de recevoir ma petite fille et regret d'avoir à rompre ce lien si étroit qui nous unit.

Les contractions ont commencé, elles sont de plus en plus rapprochées. Je suis en salle de travail. « Et je devrai faire ça encore 5 fois ! »,

le médecin rigole à la phrase que je sors. Le pire, c'est que je le pense vraiment. Mais cela vaut tellement la peine... quelques souffrances, pour avoir un bébé, un petit enfant.

Mon bébé se décide à découvrir le monde à 15h55 en empruntant la voie naturelle ce 12 Décembre.

Lorsque ma petite Maëva me fixe, son regard transperce le mien surtout quand elle tête, Elle a les yeux vairons, un bleu océan, l'autre vert translucide. Ils le resteront ainsi jusqu'à ses huit mois .Ils seront alors marron clair.

Je regarde Anaïs avec tendresse. Elle découvre sa petite sœur. Elle la caresse avec douceur. Elle se sent déjà protectrice, cela m'émeut .Je l'assieds à côté de moi, lui mets Maëva entre les bras .Elle est tendre. Elle manifeste son mécontentement lorsque des « étrangers » s'approchent trop de sa sœur. .Elle écarte, avec timidité, le bras de cette petite fille qui est venue nous rendre visite avec sa maman....Elle reste accolée à Maëva. Elle l'a tant attendue ! Les liens se sont créés bien avant sa naissance quand elle lui parlait, collait son oreille sur mon ventre dans l'attente d'une réponse, lorsqu'elle lui chantait, la caressait....

À la maison, le bébé baigneur que je lui ai offert pour qu'elle s'en occupe pendant que je lange Maëva est au placard, elle n'en a fait cas ! Elle préfère m'assister et prendre soin de sa sœur.

Maëva grandit, sa santé est satisfaisante, même si deux années consécutives, et à la même période elle fait deux détresses respiratoires. Son point fragile est respiratoire, mais je sais que ça ira en s'améliorant. Je sais que sa force mentale lui permettra de passer outre. Après la seconde détresse, le pédiatre m'annonce qu'il faudra m'y faire, c'est une très grande asthmatique qui devra vivre dans un milieu aseptisé, contrôlé. Mais au plus, profond de mon être, je suis convaincue que ce n'est pas le cas. Je lui réponds fermement que ma fille ne l'est pas. Il me rétorque que je serai obligée de l'admettre en recevant les résultats d'analyses le confirmant. Je suis convaincue que non. J'ai raison, elle n'est pas diagnostiquée, le pédiatre ne comprend pas..... Au fil du temps, les oppressions s'amoindrissent et s'espacent. Elle gère.

Premières dents, premiers mots, premiers, pas, première rentrée scolaire...... Expériences si semblables mais si différentes.......

J'ai maintenant deux petites filles.

Je me rends compte que la joie que j'éprouve à attendre ce troisième enfant n'est en rien altérée par la répétition.

Je ressens toujours cet immense bonheur à porter la vie en moi.

Je réitère ma prière à Dieu : Que cette nouvelle Ame qui m'est envoyée soit belle et grande, s'unissant aux deux premières pour accomplir de belles et grandes choses sur Terre. Je caresse mon ventre.

C'est encore une expérience unique, vécue avec une grande intensité. Je remercie Dieu de tant de grâce.

Les neuf mois durant lesquels mon ventre s'est arrondi, où j'ai senti mon bébé le déformer, où

son petit talon faisait saillie à travers ma peau, ces mois se sont envolés à toute allure

Cette fois, j'accouche sous péridurale. Le jour est donc fixé à l'avance.

J'ai trente- six ans

01 Février, je me rends à la clinique.

Le travail est déclenché. Cette fois, à chaque contraction, je regarde mon ventre se raidir. Je sens mon petit garçon qui progresse vers la lumière du jour, je vis ce moment privilégié presque dans l'euphorie. C'est magique.

Emmanuel est né à 15h25. Il a les yeux clairs, très clairs, une auréole plus foncée cerne ses iris. Il est beau.

A la première tétée, il se jette goulument sur mon sein, tout comme les deux autres, du reste.

Je le découvre à travers son regard perçant plongeant dans le mien, au contact de sa peau si douce sur mon ventre, de son odeur si subtile.....

Anaïs et Maëva rencontrent enfin le petit frère qu'elles ont tant caressé quand il était dans mon ventre ! Il connait leur voix, c'est sûr, elles lui ont tant parlé, tant raconté d'histoire..... Elles le tiennent à tour de rôle. Maintenant, je n'ai plus une, mais deux assistantes pour m'occuper d'Emmanuel.

Emmanuel grandit, sa santé est satisfaisante hormis quelques rhumes, bronchiolites communes à tout enfant qui pousse. ! Et tout comme les deux autres il tétera bien tard en complément de ses repas.....

Premières dents, premiers pas, premiers mots, première rentrée scolaire...... d'Emmanuel

J'ai maintenant trois enfants. Je suis une maman comblée. Je serai toujours là pour eux, Mon plus grand souhait est de leur permettre d'exprimer toute leur beauté intérieure, qu'ils soient grands, dans leur âme.......

La venue d'Anaïs (par césarienne) m'a permis de vivre, de conscientiser chaque moment de l'avant- délivrance, mais m'a privée de cet instant où elle naîtrait naturellement.

La naissance de Maëva m'a donné l'opportunité de traverser cette aventure magique, d'aller au paroxysme des contractions, capter une petite partie de ce mystère de la vie conduisant mon bébé vers la lumière.

Avec Emmanuel, l'absence des douleurs liées aux contractions a favorisé un regard plus lucide mais toute aussi empreint d'émotion, observant, ressentant les moindres détails de son cheminement vers le monde. Voir et sentir le durcissement de mon ventre, sa déformation, de la première contraction jusqu'à la délivrance et enfin, le sentir non dans, mais sur mon ventre.

Déjà dès la naissance, mes enfants m'ont donné des émotions uniques et complémentaires

Je remercie Dieu de ces moments de grâce et je remercie mes enfants de ces moments de partage.

Je ne peux m'empêcher de penser à cette autre grâce qui m'est apparue, le jour de la naissance d'Emmanuel, lorsqu'un proche me demande les initiales de mes enfants « dans l'ordre » précise t-il, et attire mon attention sur le mot qu'elles forment.... A......M......E....

Anaïs, Maëva, Emmanuel....... Le mot ÂME.....
J'écris un poème : Dieu *m'a donné une Âme.*

A mes enfants :

Dieu m'a donné une **Âme** ......

Anaïs mon aînée,

Si douce, si attentionnée

Si dévouée aux deux petits

Si jolie quand elle leur sourit

Maëva ma cadette,

Si câline, si coquette,

Sa petite frimousse maligne

Si vive et si coquine

Emmanuel mon dernier,

De son regard qui luit

Semble déjà un petit guerrier

Prêt à affronter la vie

Dieu m'a donné un Âme

Gloire à Dieu.........................

Mon désir de maternité est apparu très tôt. D'emblée, j'ai su que je voulais des enfants, beaucoup d'enfants.

Ceci est très probablement lié au fait que je suis issue d'une famille nombreuse, sixième d'une fratrie de dix enfants dont sept garçons et trois filles. Les neuvième et dixième, deux garçons, n'ont vécu que deux jours.

Je sais déjà très tôt que mon désir de maternité n'est pas réalisable, je ne suis encore qu'une enfant. Ma mère se donne corps et âme pour élever sa smala. Elle met tout en œuvre pour nous inculquer des valeurs nobles, Je ne dois pas lui rajouter de soucis, d'autant que mon père ne raterait pas l'occasion de la rendre responsable de mon éventuelle grossesse.

Elle a déjà du mal à tenir les deux bouts .... Le projet «enfant» est donc tout naturellement mis de côté pour donner la priorité aux études et à la construction d'un équilibre professionnel.

Peut-on interpréter ces manifestations comme un instinct maternel prématuré ?

Je souhaite apporter le meilleur à mes enfants, je dois les éduquer afin de leur préparer une vie d'adulte où ils pourront faire des choix qualitatifs leur offrant tout simplement une noble   vie.

2 RETOUR SUR L'ÉDUCATION CHOISIE

Je réfléchis sur l'éducation parentale...

En général, nous projetons ce que nous voulons ou que nous aurions voulu que nos enfants soient. Cependant même si nous cernons les valeurs que nous voulons leurs donner, peu d'entre nous, voire très peu, prend le temps, avant de l'aborder, de conscientiser, de mettre en relation les notions, les valeurs et autres vertus qu'on veut leur inculquer avec la façon dont on compte s'y prendre

Les choses se déroulent en fonction des schémas parentaux accrédités ou discrédités, des pressions extérieures familiales ou plus largement sociales, des histoires de chacun, des idéaux personnels.........

A mon sens, ces différents paramètres vont peser plus ou moins en fonction de la personnalité des (ou du) parents plus ou moins « influençables », plus ou moins encrés dans leurs propres convictions.

Cela m'amène à penser que l'on ne peut reprocher à des parents de transmettre à leurs enfants l'éducation à laquelle ils croient. Il me semble illogique qu'ils aient des convictions et qu'ils soient en porte à faux avec ce qu'ils enseignent, le « fais ce que je dis, mais ne fais pas ce que je fais ».

Par contre, force est de constater que les conséquences des choix parentaux seront décisifs sur les individus de demain que deviendront ces enfants. Il faut alors admettre les incidences réversibles ou irréversibles.

Ce que l'on peut alors remettre en cause, ce sont les bases du type d'éducation choisie dans la mesure où elles ne permettront pas (ou très peu) à l'enfant, au futur adulte, d'avoir les armes indispensables à son épanouissement dans la société, d'avoir des valeurs sûres.

L'éducation des enfants dépendant donc des convictions parentales, il serait intéressant de développer une réflexion en amont avec les parents ou futurs parents, en leur proposant l'observation d'individus adultes issus de tel ou tel type de modèle éducatif.

Je pense à l'éducation que m'ont transmise mes parents....

Tout comme chacun, mes choix découlent de l'éducation que j'ai reçue, de ma personnalité de mes propres convictions, expériences sociales, de ma propre histoire.

Mes parents et moi.......

Je ne regrette ni le père, ni la mère que j'ai eu. Ils m'ont permis de me construire, me donnant l'opportunité de choisir la personne que je voulais être. Avec Maman, j'ai su apprécier tous les avantages, toute la grandeur que la vie offrait à être une bonne personne humble, digne, pas parfaite, certes, mais capable de se remettre en cause et de faire le nécessaire pour réparer nos erreurs.

Avec mon père, j'ai su à quoi je ne voulais pas ressembler, ce que je voulais vivre, ou ne pas vivre en tant que femme..... Une mère « avant gardiste » ....Un père opportuniste...

Je reste juste dans la constatation, je ne porte pas de jugement...Leur histoire est la leur.

Je sais que notre enfance fait ce que l'on devient et que les circonstances amènent à faire des choix qui entraînent dans des spirales, qui absorbent, qui peuvent développer chez l'être humain toute forme de fausses valeurs, de déviances.

Je sais qu'il est difficile de s'en sortir si on manque d'humilité, si on se croit tout puissant, si on est aveugle à la main tendue, ou tout simplement si il n'y a pas eu de main tendue.....

Et même si jeune j'en ai tant voulu à mon père, il y a déjà fort longtemps que ce n'est plus le cas.

Et puis, il n'est pas question que je fasse de mauvais choix à cause de....

Et puis, je sais qu'on ne peut changer ce qui est en amont, mais on peut améliorer ou changer le cours de ce qui est en aval.......

Et puis, je sais que tout ce qui ne tue pas rend plus fort....

Toute cette enfance, puis cette vie d'adulte qui m'ont permise de fixer les bases éducatives que je me tente à lister aujourd'hui, a postériori.

Les bases de mes choix éducatifs

Par rapport à ma famille

- Je n'ai jamais oublié que j'ai été l'enfant de mes parents
- Je n'ai jamais oublié que j'étais la sœur de mes frères et sœurs
- Je n'ai jamais oublié que je suis passée par tous les stades de croissance depuis ma naissance.
- Je n'ai jamais oublié tout ce que ces différents statuts engendraient au niveau émotionnel et relationnel dans la famille
- Je n'ai jamais oublié que je dois en très grande partie à ma maman la personne que je suis aujourd'hui

Par rapport à mes enfants

- J'ai toujours considéré que mes enfants étaient des entités à part entière, avec leurs qualités et leurs défauts.
- Je me suis toujours considérée comme leur gérante et je savais que ce statut changerait à leur majorité où je deviendrais simple conseillère
- J'ai toujours eu la foi, dès le départ, en mes enfants (pas toujours confiance) mais

la foi en leurs capacités et en ce qu'ils pouvaient devenir.

Par rapport à moi-même

- J'ai toujours assumé et verbalisé ne pas être un être parfait, avec conscience de mes qualités et mes défauts et celle d'avoir à s'en amender.
- Je me suis toujours dit que le but était de faire le mieux possible pour transmettre les valeurs auxquelles je crois
- Je réalise avoir toujours été dès mon plus jeune âge dans la résilience, c'est un atout.
- J'ai toujours eu et j'ai encore cette petite voix intérieure qui me parle et qui semble me conduire en me disant : « fais ainsi », « dis ceci », « ne fais pas » ou « ne dis pas cela »
- Ma foi en Dieu, pas en la religion, je n'y crois pas, les hommes tuent pour la religion sous couvert de Dieu.

A côté de cela, je ne dois pas ignorer l'expérience et la chance que j'ai eues de côtoyer, dans le cadre de ma profession de nombreux jeunes. Je les remercie d'ailleurs, car en me faisant confiance, en me confiant leurs peines et leurs soucis, en me demandant conseil, ils m 'ont permis de mieux comprendre mes enfants et de réajuster du mieux que je le pouvais mon approche dans différentes situations

Très probablement qu'il y a d'autres bases que je ne peux clairement définir. Nous nous contenterons de celles- là.

Et j'en arrive aux valeurs auxquelles je m'attache.

Ii peut sembler étrange qu'à aucun moment je ne parle du rôle joué par le père de mes enfants dans leur éducation. Ce choix, volontaire, découle d'une part, du fait que je ne me suis jamais sentie vraiment épaulée, sinon ponctuellement, ou par période, d'autre part à cause des divergences que nous rencontrions dans ce domaine. Par respect pour mes enfants, celles- ci ne seront pas abordées.

Les valeurs qui me tiennent à cœur

Ce sont les valeurs auxquelles nous aspirons tous plus ou moins, mais qui ont tellement perdu de terrain, qui ne sont plus que de simples mots auxquels on a retiré tout sens, des mots qui ne sont lus que comme de simples lettres attachées les unes aux autres :

L'Amour, la Confiance en Soi, la Persévérance, le Respect de Soi, de l'autre et de ses Convictions, de la Vie, la Dignité, le Partage, l'Humilité et l'Empathie, et puis la Propreté, la Ponctualité, le Rapport au Matériel et tout autre notion permettant de rendre la vie plus simple et de s'attacher aux vraies valeurs.

Aujourd'hui mes enfants sont tous adultes. Avec leur agrément, je définis les caractéristiques de l'éducation que je leur ai donnée.

Mes choix éducatifs...

Tout comme je ne crois en rien aux bienfaits d'un abus d'autorité, je réfute tout autant la permissivité.

C'est implicitement que mes enfants ont trouvé dans un cadre, évolutif avec l'âge, les critères qui, à mon sens, ont permis leur construction.

Dans ce cadre :

- des règles et valeurs à respecter. Il m'a toujours semblé nécessaire d'expliquer le bien fondé de chacune d'elles. Leur respect implique de comprendre leur importance, de savoir accepter l'autorité, donc de savoir obéir. Leur non-respect entraîne une discussion, chaque fois que nécessaire, sur les causes ayant poussé à les transgresser, et la légitimité d'une éventuelle punition ou sanction. C'est l'occasion d'une part de développer la notion de responsabilité, d'autre part d'apprendre à réfléchir aux décisions à venir.

- une certaine autonomie, augmentant avec l'âge, visant à préserver le sens critique, le pouvoir de discussion, la curiosité, le libre arbitre de mes enfants.

C'est un véritable challenge à pouvoir trouver l'équilibre entre ces deux grands axes, d'autant que chacune des valeurs à inculquer doit en bénéficier, en dépit des obstacles internes ou externes, des résistances intrinsèques ou extrinsèques.

Et puis dans ce cadre...... De l'Amour, beaucoup d'Amour inconditionnel !!!!!

Les buts à atteindre.....

Le but recherché est dans un premier temps à court et moyen terme, durant le temps de ma « gérance » tout au long de l'enfance de mes enfants, de la naissance à la porte de l'âge adulte.
Elle correspond pour moi, à la conscientisation des valeurs, des repères auxquels je crois.

Dans un deuxième temps à plus long terme, le but est la validation de l'éducation que j'ai choisie pour eux, à leur entrée dans le monde adulte.

---Dans un premier temps donc, Il me convient

-   de préparer mes enfants à une certaine qualité de vie, leurs donner accès à une vision plus juste, de la vie, l'esprit critique et le pouvoir de raisonner les plus objectifs possibles, autant que faire se peut,

- de les préparer à accepter les contraintes de la vie, sans accepter tout et n'importe quoi, n'importe comment, intégrer les notions de droits et devoirs, donc les notions de respect des règles et d'obéissance,

- de pouvoir faire leurs propres expériences en acceptant les éventuels échecs. Les premières se feront dans le cadre familial, à l'école, au lycée, dans les divers groupes d'activités.

Je peux parler des miennes, les commenter, raconter ce que j'ai appris de positif ou de négatif à travers elles, quelles étaient mes erreurs et leurs conséquences.... Mais je ne peux pas leurs passer ces expériences. Il faut qu'ils fassent les leurs.

---*Ils vont alors aborder la deuxième grande phase de leur vie,* leur vie d'adulte avec le bagage éducatif de base qui j'espère leurs permettra d'avancer.

J'aurai atteint mon but s'ils peuvent tirer profit de ce bagage.

Je n'attends pas d'eux la perfection.

---*Je souhaite*

- qu'ils soient capables de reconnaître leurs qualités, leurs défauts, de les accepter (ou qu'ils apprennent)

- qu'ils aient confiance en eux sans être imbus,

- qu'ils soient capables de réfléchir à leurs erreurs, leurs fautes, de réparer ou essayer, de demander pardon ou d'accorder leur pardon

- qu'ils soient capables de faire Sagesse et

Amour passer avant rancœur, rancune, agressivité.

- qu'ils soient capables de sortir grandis, chaque fois un peu plus, de leurs expériences heureuses ou malheureuses, si ils tombent de se relever

- qu'ils ne se laissent pas absorber par le côté sombre du monde

- qu'ils apprennent la lucidité, la clairvoyance et le discernement

- qu'ils comprennent que le plus grand ennemi qu'ils pourraient rencontrer est eux- mêmes

- qu'ils comprennent que le seul esclavage qu'ils puissent vivre vient de leur propre esprit.

Et puis, il y a des valeurs qui ne prennent leur sens que lorsque la situation adéquate se présente.

Je me souviens des doutes eus et même des reproches que j'ai pu faire à ma mère (sans les lui dire.... Ce n'est qu'à mon statut de maman, quand à mon tour, j'ai eu à gérer telle ou telle situation similaire que je me suis dit que c'était la seule solution à adopter.

Je comprends donc que mes enfants aient à faire certaines expériences pour avaliser mes prises de décisions, à un moment donné.

Le « verdict » n'apparaitra que lorsqu'ils devront eux même gérer les différentes valeurs, faire le choix ou non de les appliquer, de se les approprier.

Si ils s'engagent, sur le chemin de vie, à s'amender progressivement, à développer leur humanité, acquérir en sagesse au fil du temps, des années, si je peux fermer les yeux en sachant qu'ils y continuent main dans la main, alors j'aurai réussi.

Actuellement, mes enfants sont tous trois entrés dans cette deuxième phase.

Faisons un tour d'horizon dans les domaines éducatifs.

3 PARCOURS À TRAVERS LES DOMAINES ÉDUCATIFS

L'enseignement scolaire :

---*La période préscolaire* a été le prétexte de l'éveil à de nombreuses notions.

- Je n'ai jamais été adepte du « langage bébé » pour nommer les objets et les parties du corps. Je pense que l'emploi des mots justes favorise la mise en place d'un vocabulaire qui s'enrichira au fil du temps.

Il est tout aussi mignon de dire « la jolie menotte » que « la jolie mimine » !

Toute occasion, comme le bain est l'opportunité d'apprendre les différentes parties du corps. Ceci a l'avantage aussi d'aborder d'autres notions comme la biologie, les mathématiques, sans qu'ils ne le sachent. En exemple : Maman a déjà lavé un bras, il reste combien ?....donc tu as deux bras...

Maman a déjà fait une natte, il reste deux à faire, combien tu en auras ?... tu as déjà mangé deux biscuits, prends en un troisième....

Et hop, placées une petite soustraction et une petite addition.

Comme j'ai rigolé le jour où nous avons rencontré une dame qui s'est adressée à ma fille avec le « langage bébé » auquel elle a réagi en me disant : »Maman, la dame ne sait pas parler ! »

- Ils ont été sensibilisés à la lecture, à l'écriture, aux mathématiques grâce aux jeux de lettres, à l'occasion des histoires lues, des panneaux publicitaires, ou aux courses.

Ils connaissaient les lettres, certains mots, et savaient compter jusqu'à dix très tôt. Ils s'ennuyaient et ont voulu aller à l'école très vite.

- Avec des mots simples et un petit schéma, je leur ai expliqué qu'on n'allait pas à l'école juste pour y aller, mais pour être heureux quand on est grand, qu'elle est le chemin vers le bonheur, vers l'indépendance.

C'est tout simplement une façon d'apprendre à se projeter sur le long terme

Je leur disais d'imaginer qu'ils voulaient aller à la ville , ils étaient obligés de partir de la maison et de passer par l'autoroute pour y arriver :

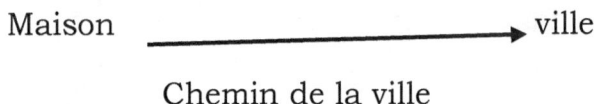

Maison $\longrightarrow$ ville

Chemin de la ville

C'est pareil pour l'école, pour être heureux, il faut y passer

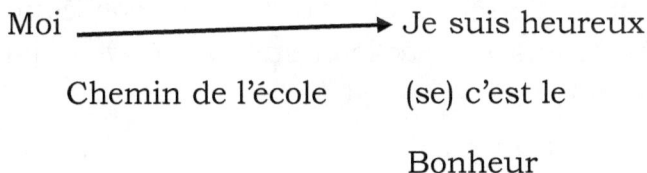

Moi $\longrightarrow$ Je suis heureux

Chemin de l'école   (se) c'est le

Bonheur

Je me suis toujours exprimée par des allégories. Le langage imagé étant plus parlant.

Ça n'a que trop bien marché, car chacun des

trois, le jour de leur première rentrée scolaire, fier comme Artaban, m'a laissée plantée devant la porte de l'école et s'en est allé rejoindre le flot d'élèves....... Je les ai regardé avec tendresse...Moi aussi j'étais fière !

---*La période scolaire* offre l'opportunité de développer de nombreuses compétences tant en savoir- faire qu'en connaissances et qu'en valeurs humaines.

J'aborderai seulement l'axe « apprentissage et savoir-faire ».

Mes enfants ont appris à lire en classe à partir de la méthode globale. Cependant, j'ai eu la chance d'avoir touché du doigt les conséquences désastreuses de celle-ci sur mes élèves, dans le secondaire.

J'ai donc décidé de leur apprendre de mon côté, à partir de la méthode syllabique « Boscher ».

Très vite, ils ont appris et leur orthographe est de bonne qualité. J'accompagnais les applications avec des étiquettes tournantes collées sur différents objets ou différents lieux, comme suit :

| ES- CA- LI- ER | PLA-CARD | TA-BOU-RET |
| ESCALIER | PLACARD | TABOURET |

Les enfants ont été indépendants plus ou moins tôt dans la gestion de leur travail entre la maternelle et le lycée.

La progression n'a pas été la même pour chacun d'eux. Mon rôle s'est amenuisé au fil du temps, en fonction de leur comportement responsable face à leur travail.

La vérification du cahier de texte, des leçons, des devoirs et récitations, du carnet de notes était journalière et s'est espacée au fur et à mesure que les enfants grandissaient, jusqu'à devenir épisodique.

Dans le même temps je devenais de plus en plus disponible en fonction de la demande.

A côté de cela, toujours ma petite voix me conduisant vers soit le carnet de texte, ou celui de notes......

Je pense fondamental que l'état d'esprit avec lequel, les enfants abordent l'école sera déterminant sur leur parcours. C'est pourquoi je me suis appliquée à leur montrer l'intérêt d'apprendre en faisant le lien dès que possible, entre le contenu, les savoir- faire et la réalité, le quotidien : « ce que tu fais en classe te sert au quotidien, le raisonnement que tu as maintenant est le même que tu as utilisé dans tel exercice ». Etc.....

J'ai toujours évité de cloisonner école, maison, extérieurs. Je leur ai expliqué qu'ils font partie d'un tout, comme les différentes pièces d'un puzzle permettant d'obtenir lorsqu'elles sont ensemble, un paysage complet. Ni école, ni maison, ne sont des systèmes clos.

De la même façon, j'ai attiré leur attention sur le fait qu'il n'y a pas de compartiments des différentes matières. On a besoin de vocabulaire pour s'exprimer à travers les sciences, les arts, les langues.... On a besoin du français pour comprendre les mathématiques, les sciences de la vie pour comprendre son corps, sa place dans le monde vivant, de la terre pour comprendre notre climat et comment s'en protéger, les langues pour mieux comprendre les autres hommes......... Il faut savoir s'exprimer, comprendre, compter pour ne pas se faire arnaquer.......Bref, tout simplement pour faire partie du monde.

Cela implique qu'à l'occasion de quelque leçon ou devoir, nous prolongions par une discussion permettant d'élargir le sujet.

Ma démarche a toujours été, d'une part, de valoriser les compétences par des compliments et de démontrer que ce que l'on pensait insurmontable ne l'est bien souvent pas et d'autre part :

- que l'on ne peut dire qu'on ne peut pas si on n'a pas essayer et réessayer, cela nécessite persévérance, patience et assiduité,

- qu'il y a toujours une solution possible,

- que l'échec n'est pas grave mais que c'est ce qu'on en tire qui est important,

- que la réussite est un état d'esprit,

- que viser le minimum équivaut à se sous-estimer,

- que l'important n'est pas où on est mais où on va, et qu'avoir conscience du maximum montre qu'il y a toujours une marge de progrès, aussi petit soit-il.

La pratique d'un sport (judo, capoeira) et d'un instrument (piano) a favorisé l'encrage des aptitudes de persévérance, de courage, d'endurance, d'assiduité et de ponctualité. Quand les enfants éprouvaient quelque réticence à s'y rendre, c'était l'occasion de leur expliquer les notions impliquées et de leur demander de choisir à y aller ou pas... Ils ont systématiquement choisi d'y aller.

Une erreur à ne pas connaitre est de comparer ses enfants concernant leurs aptitudes à comprendre, à intégrer, concernant leurs résultats. Chacun doit être pris à part, comme il est, pour ce qu'il est.

Mon point de vue a été confirmé par les observations que j'ai pu faire au sein de mes classes d'adolescents. Ces derniers m'ont confiée leurs souffrances qu'ils avaient à être comparés les uns aux autres au sein de la classe, et plus tristement au sein de leur famille lorsqu'il s'agissait d'élèves d'une même fratrie.

Je me souviens, par exemple de ces deux sœurs, élèves en classe de Seconde. La cadette y avait rejoint l'ainée. Celle-ci, réservée, éteinte, marchant pratiquement toujours la tête baissée, n'osant se manifester ou répondre aux questions posées. La deuxième, fière, prétentieuse, droite dans ses baskets et se permettant même d'interrompre sa sœur les rares fois où elle répondait à mes interrogations.

Lors d'entretiens avec ces deux sœurs, j'ai appris que l'ainée avait plus d'une fois été sur le point de se suicider. A l'origine, de nombreux jugements de valeurs en faveur de la petite et au détriment de la plus grande.

Grâce à des rencontres régulières, j'ai fait de mon mieux pour trouver des solutions et agir aux niveaux psychologiques, pratiques et relationnels.

Pour optimiser la réussite, je conseille d'expliquer et de faire appliquer aux enfants ces quelques points qui ont fait leurs preuves :

- le travail donné un jour est fait le soir de ce même jour. L'intérêt est dans l'utilisation de la mémoire à court et moyen terme, rendant l'apprentissage plus rapide et les connaissances plus solides,

- on ne s'arrête jamais au milieu d'un exercice ou d'une phrase pour se lever. Lorsqu'on a plusieurs exercices à faire, on coupe toujours à des moments stratégiques, entre deux exercices, deux matières, deux activités....jamais au milieu,

- on porte soin et propreté à ce que l'on fait,

- on assume pleinement ses résultats. Il y a la réussite noble et solide, celle qu'on obtient par le travail, la persévérance, l'assiduité au travail et celle qui est laide, que l'on obtient en trichant, en copiant, qui s'effondre très vite et qui nous rend laid(e),

- on prépare son sac de classe la veille au soir pour ne rien oublier et ne pas prendre de retard le matin,

- on se couche à heure raisonnable le soir afin de ne pas être fatigué en classe le lendemain

- on prend l'habitude de ranger sa chambre pour avoir les idées claires et apprendre à être ordonné dans sa tête.

Et plus précisément pour les parents :

- Les responsabiliser pour qu'ils accomplissent les points précédents

- leurs apprendre la ponctualité en les amenant à l'heure à l'école,

- les interroger sur leur journée après l'école, montrer qu'on s'y intéresse, les laisser parler,

- assister aux réunions avec les enseignants,

- à la maison, leurs proposer des documentaires choisis (télévision....) et en discuter avec eux.

- durant les vacances, leurs proposer des cahiers passeports pour qu'ils « s'amusent » et ne pas hésiter à leur donner ceux correspondant à la classe à venir s'ils sont capables.

- leur faire pratiquer des activités extérieures (sport, musique, arts divers...)

Et surtout ne pas :

- faire l'inverse de tous les points précédents.

- les assoir devant la télévision avant d'aller à l'école le matin, meilleur moyen de les démobiliser,

- et.......Ne pas les sous- estimer

Tout au long de ces trois décennies où j'ai côtoyé nombre d'élèves et plus généralement de jeunes, j'ai vu diminuer les exigences, encore et encore, toujours plus, en stimulant de moins en moins leurs aptitudes. Le système de réformes scolaires avalisées par les instances compétentes, au lieu de s'attaquer aux problèmes de fond, a passé son temps à proposer des changements superficiels, des méthodes pas toujours très judicieuses, à mon sens (méthode de lecture globale, allègements et simplifications intempestives des programmes, suppression des savoirs....)

La conséquence majeure que j'ai pu observer est une diminution des compétences cognitives et mnémoniques, provoquant un contre- coup sur la réussite des études post- baccalauréat.

Forte de ces constatations, j'ai décidé de pallier au maximum avec mes enfants en usant de stratégies éducatives me semblant plus propices au succès.

Le mot de mes enfants :

Il n'y a eu, à notre sens rien de négatif. Nous avons bien été balancés avec une bonne et solide culture générale de base, et ce, dès notre plus jeune âge. Au-delà d'avoir un travail, nous avons appris à aimer apprendre.

Les activités extra- scolaires (physiques, musicales...) nous ont beaucoup apportés. Un regret, nous aurions aimé avoir plus 'heures de musique imposées, et plus régulièrement.

Comme quoi, nos enfants attendent de nous plus qu'on ne pense et sont capables de recevoir plus qu'on ne leurs donnent.....

En bilan, le parcours scolaire des miens s'est passé correctement avec, à la clef, le baccalauréat scientifique S pour chacun d'eux.

L'après- lycée ne m'a pas écartée de leurs études. J'ai eu la joie et le privilège d'être sollicitée pour les travaux effectués dans ce cadre, de pouvoir leurs donner mon avis, mon soutien. Dans leur vie d'adulte, je suis encore et serai encore, tant qu'ils le désirent, leur conseillère.

Le chemin de l'école, puis du lycée et enfin de l'université conduit, entre autre à une certaine aisance matérielle dont il faudra faire bon usage, donc qu'il faudra gérer.

Le rapport avec le matériel se construit en fonction des valeurs qu'on priorise.

Le rapport au matériel :

Je me souviens de ce jour où mon aînée, trois ans est rentrée de l'école en me disant :

« - Maman, le veux des baskets avec une virgule, comme celles de X ! » (X : petit camarade de maternelle, habillé de la tête aux pieds par la célèbre marque.

Elle n'a pas su expliquer son choix. Je l'ai donc amenée à la ville quelques jours plus tard, direction le magasin de chaussures.

Pointant son petit doigt rondelet sur la vitrine :

A :   - Voilà, Maman, celles- là !

Moi :- Elle est jolie, cette paire......et celle d'à côté, quelle est la différence?

A : - Elle n'a pas la virgule.

Moi : - C'est la seule différence ? Regarde bien...

Elle ne voit pas...j'insiste...

Moi : - Regarde la petite étiquette à côté de chaque paire

A : - Celle-là a deux chiffres et celle-là trois chiffres (nous étions encore aux francs)

Moi :- Alors, laquelle Maman prend ?

A :- Celle qui a deux chiffres, Maman. »

Nous sommes reparties avec celle qui n'avait pas de virgule et dont l'étiquette avait deux chiffres.

Cet épisode « baskets » a suscité chez moi une certaine réflexion sur la nécessité de faire prendre conscience aux enfants des deux angles sous lesquels on pouvait aborder le rapport au matériel, ce que j'ai fait : « Le paraître par les avoirs » et « le rapport à l'argent »

« *Le paraître par les avoirs* » concerne les beaux sacs, vêtements, les belles chaussures, voitures..... Tout ce qu'on veut montrer juste pour montrer, la superficialité.

Nous avons maintes fois discuté sur ce qui fait notre valeur. Est- ce ce que l'on montre à l'extérieur, aux autres ou est- ce ce que l'on a à l'intérieur ?

Est- ce que le fait de porter des marques nous rend plus beaux, est-ce que le fait de ne pas en porter est dégradant ?

Les enfants ont pu intégrer ces notions grâce, je dis bien grâce à leur propre expériences.

Je pense par exemple au jour où ma fille, alors en sixième, est arrivée triste de l'école. La cause ? Ses camarades lui avaient trouvé un surnom parce qu'elle ne portait pas de marques. J'avais le choix de lui en acheter.....ou non. J'ai préféré en discuter avec elle et lui expliquer qu'elle avait une marque bien plus importante, de bien plus grande valeur, indélébile, et que celle-ci était cachée dans sa tête (elle était toujours première en classe) et dans son cœur.... Je lui ai expliqué que quand le sac de ses camarades était déchiré, les baskets salies sa marque à elle était encore là.

Elle est repartie, fière et rassurée. Cela a fait son effet quand elle le leurs a dit....

Même raisonnement quand ma seconde fille a fait cette crise de larmes parce- que je lui avais donné un cartable d'appoint qu'elle avait jugé trop grand, en remplacement du sien qui avait subi quelques dommages. Elle disait en avoir honte....

Il faut dire que certains médias, certaines émissions pour jeunes ou publicités conditionnent la superficialité de nos enfants et alimentent leurs fausses valeurs.

Pour exemple, cette publicité pour une marque de voiture ou mère et enfants se détournent du père qui vient d'acheter une voiture qui ne leurs convient pas et regardent avec envie, voire jalousie celle du voisin.... Ou encore cette autre utilisant des enfants qui persécutent leur parents pour avoir l'objet de leur désir, et qui l'obtiennent.

En ce qui me concerne, ces publicités ont servi de support pour discuter sur ce à quoi il ne faut ni ressembler, ni devenir.

J'ai très vite expliqué à mes enfants les deux visions que j'ai de la richesse d'une part, de la pauvreté d'autre part. Je leur ai dit ceci : Il y a des gens pauvres parce- qu'ils n'ont pas de quoi se nourrir, pas de vêtements, pas de maison,...etc... mais ils peuvent être très riches dans leur tête et dans leur cœur, car ils sont courageux, dignes, bons...... et puis il y a des gens très riches, qui ont de grandes et belles maisons, beaucoup de vêtements, de belles voitures....etc... mais ils peuvent être très très pauvres dans leur tête et dans leur cœur car ils sont égoïstes, paresseux..... On peut aussi être deux fois pauvre ou deux fois riche ... et je les ai laissé réfléchir à cette dernière idée.

J'ai pu apprécier la réceptivité de mes enfants à ses propos, à différentes occasions. Ils l'ont exprimée à différentes occasions, comme cette fois où les camarades de cinquième de mon fils l'ont chambré à propos de son sac trop quelconque, lui disant qu'il était pauvre. Je l'ai grandement félicité de la réponse faite : « Je préfère être pauvre et simple à l'extérieur que pauvre et simple d'esprit »…..

J'ai aussi regardé avec tendresse ma deuxième fille qui, recevant de sa grand- mère, sa Nounou, une parure en or lui ayant appartenue, a fait fi du fait qu'elle soit en or, mais a tout simplement dit en la serrant très fort, qu'elle avait une petite partie de sa Nounou avec elle.

Je n'insinue nullement qu'il faille se laisser aller, être négligé. Cela ne veut pas dire que nous sommes exemptés ou interdits du port des marques…. Loin de là…La différence se fera sur l'état d'esprit qui le motive… On ne s'identifie pas à la marque, c'est elle qui doit s'adapter à nous. On peut être digne, classe sans être superficiel, prétentieux. On doit être chic tout en restant sobre, avec ou sans marques.

Ce que j'ai souhaité passer comme message, entre autre, à mes enfants :

- être satisfait de ce que nous avons, non envieux de ce que nous n'avons pas,

- acquérir ce à quoi nous aspirons de façon honnête et pour les bonnes raisons ; *bien mal acquis ne profite jamais* et comme le disait ma mère : *Cent ans pour le voleur, un jour pour le maître* !

« *Le rapport à l'argent* » peut être orienté très tôt, j'en reste convaincue.

Tout est initié par le comportement des parents. La « dérive » commence lorsque les parents sortent leur porte- monnaie et achètent à tout-va tout ce que l'enfant désire. Il prend l'habitude de considérer que tout lui est dû, et que l'argent est facile.

Cela ne s'arrange pas lorsqu' on se met à lui payer les tâches ménagères qu'il exécute. Je trouve cette pratique dévastatrice ! Payer pour que l'enfant fasse une vaisselle qu'il a utilisé en partie, plus tard de le payer pour qu'il lave la voiture qui le transporte, ou encore pour nettoyer la chambre dans laquelle il dort...

L'enfant fait partie d'un groupe, d'une famille où

chaque membre doit contribuer, s'entraider, à la mesure de ses possibilités et de son âge.

Ceci renforce entre autre, la cohésion du groupe, les liens de solidarité au sein de la famille.

Je ne peux, qu'à ce propos, citer la chanson de Marie Laforet : « Cadeau »

Hier soir, dans la cuisine,
je préparais le dîner, quand mon petit garçon est entré.
Il m'a tendu un morceau de papier griffonné.
J'ai essuyé mes mains sur mon tablier,
et je l'ai lu. Et voici ce qu'il disait :

Pour avoir fait mon lit toute la semaine 3 francs
Pour avoir été aux commissions 1 franc
Pour avoir surveillé le bébé pendant que toi tu allais aux commissions 1 franc 25
Pour avoir descendu la corbeille à papiers 75 centimes
Pour avoir remonté la corbeille à papiers 1 franc et 10 centimes
Pour avoir arrosé les fleurs sur le balcon 25 centimes
Total 9 francs et 85 centimes.

Je l'ai regardé, il se tortillait en mâchant son crayon

et une foule de souvenirs sont revenus à ma
mémoire.
Alors j'ai repris son crayon, j'ai retourné la feuille
et voilà ce que j'ai écrit :

Pour neuf mois de patience et douze heures de
souffrance

Cadeau
Pour tant de nuits de veille, surveillant ton
sommeil
Cadeau
Pour les tours de manège, les jouets, le collège
Cadeau
Et quand on fait le tour, le total de mon amour,
C'est Cadeau

Quand il a eu fini de lire, il avait un gros chagrin
dans les yeux.
Il a levé la tête et a dit :

"M'Man, je t'aime très beaucoup"

Il a repris son papier, l'a retourné, et en grosses,
grosses lettres,
a marqué :

"Cadeau"

Et quand on fait le tour, le total de l'amour,
C'est Cadeau, C'est Cadeau

Quant à l'argent de poche, mes enfants ont d'eux-mêmes, considérés qu'ils n'en avaient pas besoin, estimant qu'ils avaient ce qu''il leurs fallait.

Le premier argent de poche que j'ai donné à mon aînée a servi à acheter un petit présent pour chacun d'entre nous, après quoi elle m'a remis le reste disant qu'elle me demanderait en cas de besoin.

Je pense qu'actuellement, mes enfants font la part des choses entre leurs désirs et l'entendement.

Tout comme moi, ils sont adeptes de la citation : « *L'argent ne fait pas le bonheur mais y contribue (très fortement hélas dans notre société)* »

La façon dont on établit les liens avec le matériel va de pair avec le degré de respect qu'on attribue à la vie et à l'autre.

Le mot de mes enfants :

Deux points ont été très appréciables pour nous. Le premier, c'est le fait d'avoir appris à ne pas nous identifier aux vêtements car ce n'est pas ce qui nous donne notre valeur, et que l'argent est un outil mais pas une fin en lui- même. Le second point, c'est de ne jamais penser que nous n'allions hériter de quoi que ce soit, que nous devions construire nos vies nous-même, de ne rien attendre de matériel et surtout rien de superficiel.

Cela nous a beaucoup servi à être indépendants, à connaître la valeur de l'argent, du matériel.

Le principe : Toujours apprécier ce que l'on a et si on veut quelque chose, se demander pourquoi on la veut, est- ce parce que les amis ont, ou parce qu'on veut vraiment et/ou on en a besoin. Si c'est pour cette dernière raison, alors travailler pour l'avoir car ça ne va pas tomber du ciel.

C'est à leur majorité que j'ai appris aux enfants qu'ils avaient un compte épargne, même s'il n'était pas mirobolant. D'autre part, les biens ayant un potentiel éphémère (destruction, séisme, incendie....) rien ne doit être considéré comme acquis, d'où la nécessité de construire et de ne pas miser sur des héritages pour les enfants.

Hormis cela, ça évite que les enfants se reposent sur ces acquis et perdent leurs motivations à créer.

Le respect de la Vie :

Le respect de la vie commence par le respect de soi, et se prolonge par celui de tous les êtres vivants, de la Nature et enfin de la Terre.

Comme pour tout le reste, nous avons une grande part de responsabilité sur la vie de notre enfant, dès lors que ce petit être se niche dans notre ventre. Nous impactons sur sa vie par notre alimentation, nos comportements. Ainsi, nous pouvons même lui apprendre à déjà aimer l'alcool ou devenir addictif à toute sorte de substances illicites. Nous devons faire les bons choix.

Dès qu'ils sont aptes à comprendre, nous devons les sensibiliser sur la nécessité de prendre soin de leur corps, par des mesures d'hygiène en tout premier lieu : se baigner, se laver les dents, ..., éviter les abus alimentaires quantitatifs ou qualitatifs, toutes ces choses qui peuvent nous sembler évidentes. C'est ce que j'ai fait du mieux que j'ai pu.

Mais ce n'est pas suffisant, et à l'occasion de situations réelles, d'émissions télévisées ou autre nous avons discuté des problèmes liés à la prise d'alcool, de drogues ou de la recherche « de paradis artificiels ». Ceci nous a permis d'avoir des débats bien nourris qui leurs auront permis de se positionner.

Très tôt, pour avoir eu des chiens, cobayes et lapins à différentes époques, mes enfants ont établis des liens affectifs avec les animaux. Ils ont eu à s'en occuper, à les soigner. Ils se sont amusés avec eux. Il y a eu des moments difficiles et douloureux, mais qui ont donné l'occasion de parler de la mort lorsque certains d'entre eux partaient.

Depuis quelques années maintenant, Kaysha et Jade, nos deux chiennes font notre bonheur.

Plus largement, Ils ont appris à observer les animaux dans la Nature, les arbres sur le chemin, les nuages, le ciel, la lune, les étoiles. Nous nous sommes émerveillés ensemble sur la forme des nuages, sur les arcs- en- ciel et le chant des oiseaux. Et nous avons verbalisé la beauté de la Nature.

C'est tellement important de se sentir faisant partie de ce monde !

De ce fait, ils ont pris conscience de la nécessité de protéger cette Nature, cette Terre...Par de petits gestes simples : ne pas jeter de papiers, de déchets dans la rue, ou nulle part. Je les ai vus plus d'une fois ramener ceux- ci dans leur cartable quand ils ne trouvaient pas de poubelle. Ils ont tous eu l'occasion d'invectiver des camarades, voire des adultes qui ne respectaient pas cette règle.

Plus largement, ils ont compris que détruire la Terre, c'est détruire la Vie. Aussi ne pas gaspiller, éteindre les lumières en sortant d'une pièce, ne pas laisser les robinets ouverts...sont devenus des évidences.

Le dernier point, et non des moindres, est la réflexion sur le respect de la vie humaine. Je n'ai pas eu grand-chose à faire pour sensibiliser mes enfants à cette notion. J'ai pu voir leur réactions, quelques fois leurs pleurs devant les injustices, la misère, la famine, les tueries dues aux guerres.... J'ai pu entendre leur désarroi ou leur révolte pour clamer leur impuissance...

Ils ont développé une sensibilité assez aigue qui peut avoir ses revers s'ils n'apprennent pas à maîtriser leurs sentiments.

Leur curiosité a suscité nombre de discussions sur ce sujet, comme la part de responsabilité destructrice de l'homme et des conséquences sur la Vie.

C'est à eux maintenant de jouer en fonction des convictions qu'ils se sont forgées.

Mais le respect de l'Être Vivant va au- delà de son simple souffle de vie, il concerne, plus particulièrement pour l'Homme, tout ce qui constitue son essence. Il va définir les rapports entre individus ou groupes d'individus.

Le mot de mes enfants :

Notre éducation a toujours été que nous faisons partie d'un tout, nous ne sommes qu'un grain de sable dans l'Univers. Par conséquent, nous devons respecter les Animaux, les Végétaux, les Êtres Humains. De toute façon, nous faisons partie du Règne Animal.

On ne tue les animaux que pour survivre/manger et pas pour le plaisir. Nous avons grandi avec beaucoup de chiens et autres animaux, à la campagne. Nous avons pu observer les colibris, les crapauds, les papillons…. Nous sommes tous les trois très très « écolo » et très sensibles à la cause écologique, au bien- être de la Nature et de la Planète.

Le fait de vouloir supporter les petits agriculteurs (même si on ne peut pas souvent comme on le voudrait) plutôt que les grosses corporations qui font du massacre à la chaine, le fait de vouloir manger organique et de faire attention à nos dépenses énergétiques dans un but économique, tout cela relève de notre éducation.

Le fait d'apprécier le bruit du vent dans les arbres, cueillir un petit fruit, nettoyer les plantes, le fait d'aimer les animaux, de comprendre qu'ils ne sont pas moins que nous, qu'ils ont des ressentis (nous y croyons fortement, même si certains n'y croient pas), nous le devons aussi à notre éducation.

Ce qui est dommage, c'est que nous rencontrons des gens qui n'ont pas cette conscience, et même si nous les aimons bien, nous devons lutter la majeure partie du temps.

Et enfin, le plus important, c'est le fait de pouvoir être en harmonie avec notre environnement, être heureux dans la Nature et que la Nature soit heureuse avec nous.

Enseignement scolaire et respect de la Vie sont deux des matières parmi les nombreuses autres, tout aussi importantes que nous enseigne la Grande Ecole de la Vie.

La Grande Ecole de La Vie :

A cette Grande Ecole, chacun est l'enseignant de chacun.

Les parents ceux des enfants, les enfants ceux des parents, les grands des petits et les petits des grands, les frères des sœurs et les sœurs des frères, les professeurs des élèves et les élèves des professeurs, l'autochtone de l'étranger et l'étranger de l'autochtone, le noir du blanc et le blanc du noir, le riche pour le pauvre et le pauvre pour le riche, l'athée du croyant et le croyant de l'athée, le chrétien du musulman, du bouddhiste...... Et inversement.

A la Grande Ecole de la Vie, il y a beaucoup plus de pratique que de théorie.

Elle nous propose d'éprouver nos décisions, elle les valide ou pas, elle nous propose des stages de plus ou moins longue durée. Elle teste nos capacités physiques ou mentales. Elle nous donne l'opportunité, plus souvent que nous ne le pensons, d'essayer, réessayer, gommer et réécrire, changer de cap, ou le tenir.

Dans son unique Livre, Elle nous propose plusieurs modules d'apprentissage interagissant très étroitement et dont la finalité est de faire de nous des personnes nobles, de Grands Hommes :

- *module 1 :* Persévérance- Patience- Courage- Endurance- Assiduité-

- *module 2 :* Responsabilité

- *module 3 :* Partage- Solidarité

- *module 4 :* Rapport à l'Autre- Respect des

Convictions

Les outils dont nous disposons et que nous devons impérativement apprendre à utiliser voire à intégrer et maîtriser : - la Communication- l'Humilité- l'Empathie- le Pardon- L'Intelligence d'esprit et de cœur- l'Honnêteté et enfin, bien évidemment l'Amour.

La tâche va s'avérer plus ou moins aisée en fonction des personnalités et du vécu.

Pour ce faire, je me suis en priorité basée sur les situations quotidiennes, bien sûr, mais ai beaucoup utilisé les contes créoles ou les fables, essentiellement de Lafontaine que je trouve absolument révélatrices des réalités.

C'est la vision du Monde que j'ai estimé juste de transmettre à mes enfants.

Faisons une rétrospective des différents modules étudiés à travers quelques exemples.

Module 1 :

Persévérance- Patience- Courage – Endurance- Assiduité

Déjà tout- petits, à l'occasion de quelque grippe ou autre, j'expliquais aux enfants qu'ils étaient plus forts que la maladie, et ils répétaient cette phrase.

Du coup, d'eux- même, ils réagissaient très bien, sont rarement restés couchés et il en fallait beaucoup pour qu'ils acceptent de rater l'école, le lycée et qu'ils ratent maintenant le travail.

Il faut dire que je fonctionne ainsi. Il me vient en mémoire des reproches que j'ai pu avoir d'une certaine instance concernant ma trop grande assiduité alors que j'étais en poste de reconversion handicap après une opération des cordes vocales. Ma réponse a été que j'avais un enfant en lycée à qui je me devais de donner l'exemple. Ce à quoi quelques collègues ont rétorqué que je les desservais. En ce qui me concerne, le choix est évident.

Lorsque les enfants tombaient ou se faisaient mal, la situation était systématiquement dédramatisée : *Soldat blessé n'est pas mort....*

Pas de précipitation, pas d'affolement, et si il y avait des pleurs, une histoire naissait de la situation ou l'attention était détournée. Ça ne durait jamais longtemps, jusqu'à ce qu'il n'y ait plus de pleurs du tout.

Outre les expériences du quotidien, toutes ces aptitudes s'acquièrent grâce à l'école, à la pratique de sport ou/et d'arts divers.

Elles permettent de développer la Confiance en Soi, à condition que cette dernière ne soit pas mise à l'épreuve par des échecs mal assumés, ou des tiers mal intentionnés. J'argumenterai ce point à l'évocation des difficultés rencontrées. Dans tous les cas, cette confiance sera renforcée par les compliments.

Elles permettent également de se donner toutes les chances à se bâtir un avenir meilleur. Avoir conscience que l'on possède les armes pour se réaliser à travers son métier, sa famille, rend plus performant.

En les associant avec le fait « *qu'il n'y a pas de grandes réalisations sans prise de risque* » on s'offre toutes les chances de concrétiser de grands projets de vie.

Forts d'avoir été sensibilisés à cette vérité lorsque j'ai eu à les conseiller sur leurs décisions, les enfants entreprennent et sont productifs.

Si il doit y avoir échec, on en tire des leçons, et en avant... On sait au départ que le risque zéro n'existe pas, et puis ...qui ne tente rien n'a rien.

Mieux vaut essayer et ne pas arriver que de ne pas essayer et de regretter toute sa vie de ne l'avoir pas fait.

Quant à moi, mon expérience de vie personnelle m'avait déjà permise de progresser sur ces points, mais j'ai pu les renforcer grâce aux enfants.

Module 2 :

Responsabilité.

Acquérir la notion de responsabilité suppose qu'il y a eu responsabilisation, et ce, dès que possible, chez les enfants.

Il convient alors de leurs laisser une certaine liberté d'action, d'autonomie, afin de leurs faire prendre des responsabilités. Ils apprendront donc à se gérer avec une plus grande indépendance.

Très tôt, mes enfants ont voulu faire comme
Maman ou avec Maman, Ça a été l'opportunité
pour moi de leurs donner des tâches très
simples dont la complexité augmentaient avec
l'âge.

Mettre ses chaussures en place, porter leurs
vêtements dans le panier à linge sale, passer le
mini- balai que le leurs ai acheté, puis arroser
les plantes, ranger son cartable en prenant soin
de ne rien oublier, ...Ranger sa chambre, faire
son travail de classe...etc....jusqu'à ne plus avoir
à le leurs dire. Bien évidemment toute tâche se
faisait d'abord, durant un certain temps en ma
compagnie.

Quelques rappels à l'ordre dans le cas où les
tâches, pour lesquelles ils sont devenus
responsables, n'étaient pas exécutées.

Le but premier est d'être amené à s'engager dans
une prise de décision, après avoir réfléchi aux
données dont on dispose, pouvoir faire des choix
entre différentes options qui se présentent.

J'ai pu me rendre compte de l'aptitude des
enfants à prendre leur responsabilité, ils étaient

relativement jeunes. Par exemple ce jour de tempête tropicale où les conditions météorologiques se sont dégradées très rapidement. Mon aînée était en sixième, les deux autres en primaire. Pluies diluviennes, aucun moyen de joindre mes enfants. Je suis bloquée au lycée. Pas le droit de partir avant l'évacuation totale des élèves. L'eau monte sans arrêt. J'arrive à m'en aller, je suis inquiète, très inquiète. Je reçois enfin l'appel téléphonique d'un parent qui me rassure.. Mon aînée est partie du collège, a pris l'initiative d'aller chercher son frère et sa sœur pour se rendre en leur compagnie chez ce parent où ils se sont réfugiés. Une belle prise d'initiative d'une enfant de onze ans.

Les deux autres n'étaient pas en reste, même si ils étaient plus jeunes.

Dans le cas où la responsabilité engendre des conséquences préjudiciables, elle doit être assumée.

Combien de fois les enfants sont venus vers moi : « Maman, untel m'a fait ceci ou cela !! » La première question qui suivait : « pourquoi ? as-tu fais quelque chose qui a provoqué cela ? », et suivant la réponse, soit : » il fallait t'attendre à cela » soit « -effectivement, ce n'est pas bien » et là, on cherchait une réponse adaptée pour résoudre le problème.

C'est à cette occasion que je leurs ai expliqué cet adage : « *Il ne faut pas tendre de bâton aux gens pour qu'ils vous battent.* »

Cette responsabilisation doit pouvoir permettre, plus tard, de supporter les responsabilités civile, administrative, environnementale et toute autre responsabilité inhérente à la société.

Assumer sa responsabilité totale ou partielle dans une situation malheureuse, c'est se demander pourquoi nous y sommes impliqués, ne pas chercher en l'autre systématiquement les causes, ne pas se considérer comme une perpétuelle victime, apprendre à accepter ses manquements.

Assumer sa responsabilité dans une situation malheureuse, c'est accepter qu'on puisse être à l'origine de cette situation.

Pouvoir assumer ses intentions et ses actes, c'est pouvoir accepter d'y répondre consciemment donc avoir développé le sens de la responsabilité morale.

C'est pourquoi, pour favoriser cette acquisition,

j'encourageais les enfants à avouer leurs petits méfaits. Je les félicitais d'avoir eu le courage de me dire, et bien évidemment, il n'y avait pas de punition. Par contre, ils devaient assumer une éventuelle récidive.

Je leurs expliquais (par des mots simples) que ne pas assumer nos actes induisait le mensonge, était signe de malhonnêteté, que l'on pouvait détruire la vie de quelqu'un, l'envoyer en prison, ou perdre sa crédibilité.

Globalement, mes enfants sont des individus très responsables.

Mais paradoxalement, j'ai observé qu'ils ont eu ou ont encore (pour certain) du mal à accepter leur part de responsabilité dans certaines situations conflictuelles.

Mon analyse est la suivante : Petits, ils ont été confrontés à deux schémas différents celui du père et le mien. Moi, étant plus souvent impliquée dans leur éducation, ils ont été plus influencés par ce dernier. Ils étaient plus enclins à accepter les erreurs pratiquement systématiquement et de solliciter le pardon relativement facilement.

En grandissant, leur personnalité se mettant en place et leur caractère se forgeant, ils ont eu, chacun à une période plus ou moins longue, du mal à admettre certains de leurs manquements, la tendance étant alors à trouver des causes et raisons pour se dédouaner. Quant à demander pardon durant cette période.....mission presqu'impossible !

Connaissant leur gentillesse, leur respect et leur amour de l'autre, je reste persuadée que ce n'est pas l'inconscience de la responsabilité qui est à l'origine de ce positionnement mais le fait d'avoir failli, le fait de culpabiliser de n'avoir pas été à la hauteur de la situation.

Y a- il une réminiscence du schéma paternel ? Je ne saurais le dire...

Cela me conduit à la notion d'Humilité. Quelqu'un n'est pas toujours responsable de nos actes, nous pouvons faillir sans cause première.

Ce qui est important, c'est d'y remédier. C'est pur orgueil que de ne vouloir admettre cela. Ce n'est pas une honte, bien au contraire, c'est une force de pouvoir reconnaître nos erreurs et nos fautes.

Je pense que souvent, les hommes font confusion entre Humilité, Humiliation....voire Humanité. Ceci explique à mon sens, pour la majorité des gens, la difficulté à reconnaitre ses fautes et à demander le pardon.

On peut avoir de l'Humanité et manquer d'Humilité. On peut être très humble et ne pas accepter d'être humilier, on peut être humble sans avoir d'Humanité, et avoir de l'Humanité et se laisser humilier....

En ce qui me concerne, la vie m'a rappelée à l'ordre en me recadrant, concernant mon degré d'Humilité, ce que j'ai d'ailleurs raconté à mes enfants :

Plus jeune, une de mes qualités (qui l'est restée) était de ne pas juger les gens. J'ai toujours su intuitivement, qu'on pouvait juger un acte, mais qu'il était difficile de juger la personne concernée dans la mesure où, très souvent, on ne maîtrise les causes à l'origine. Mais, mon énorme défaut : « cela ne me serait pas arrivé !! »...Quel manque d'Humilité ! flagrant !!... La vie m'a mise en deux ou trois situations où j'ai dû revoir mon raisonnement. Depuis, j'ai repensé ma façon d'aborder les choses en disant : « je suis un Être Humain, avec des qualités et des défauts et pouvant potentiellement déraper. Donc, je dois être vigilante pour ne pas me retrouver dans telle ou telle situation. »

Je suis tout à fait consciente que vouloir progresser sur ce point n'est pas chose facile, car c'est presque fonctionner à contre- courant de ce que nous montre notre société, même dans ses plus grandes instances.

Quoi qu'il en soit, l'effet pervers possible du rejet de sa responsabilité, c'est de devenir de plus en plus aveugle à ce que nous sommes vraiment, de s'ôter toute opportunité de s'amender et d'évoluer, et de surcroit, rendre les autres coupables des conséquences de nos actes.

Pour ce qui est de mes enfants, j'ai la foi en eux, et je sais qu'ils ont compris que nous pouvons toujours nous amender, que l'important c'est de devenir toujours meilleur et qu'on a ce choix.

Module 3 :

Partage- Solidarité.

Je me souviens que Maman, malgré ses grandes difficultés financières, et ce, dès notre plus jeune âge, faisait des gâteaux et autres gâteries que nous amenions à diverses occasions, à l'hôpital ou la maternité pour les enfants.

D'autres fois, ils étaient destinés aux lépreux, ou à nos voisins. Lorsque nous avions des vêtements trop petits, elle les préparait et nous les portions à ces mêmes lieux.

Je me souviens d'elle avec tendresse, séparant quelques barres de chocolat en huit parts égales, pour ses huit enfants, et se léchant les doigts après distribution.

Maman nous a appris le partage, au sein de la famille mais aussi avec les gens que nous ne connaissions pas.

Bien évidemment, j'ai reproduit la façon de faire de Maman. Mes enfants ont donc offert des livres et effets scolaires, trier des vêtements pour ceux qui en avaient besoin. Ils ont pu rentrer en ma compagnie dans une grande surface, une boulangerie pour acheter à manger à quelqu'un qui attendait à l'extérieur.

Les notions de Partage et de Solidarité vont de pair. Partager, c'est donner de son temps, un sourire, une caresse, c'est donner de l'écoute aux joies, aux peines, c'est donner à boire et à manger.

C'est soutenir cette vieille dame qui essaie de franchir la porte du bus, c'est cette inconnue qui me propose son aide, avec un grand sourire, pour soulever ce sac que je m'apprête à prendre.

Le partage nourrit l'empathie, développe l'appartenance à un tout. Il permet la Solidarité. Il favorise la générosité, la compassion, la notion de justice et d'égalité. Il empêche l'égoïsme, l'égocentrisme, l'isolement et la prétention.

Outre la notion d'Amour à laquelle l'enfant est confronté (ou pas) dès sa naissance, celle du Partage est la première qu'il découvre lors de ce moment intense et magique qu'est l'allaitement.

Apprendre à donner à travers l'alimentation m'a donc paru logique. C'est pourquoi cet éveil s'est fait dès les premiers repas, lorsque les enfants ont su tenir leur petite cuiller : « Tu donnes un petit peu à Maman, s'il te plait ?.... Merci, tu es gentil(le) » Après quelques temps, ils me tendaient la cuiller pour me faire gouter en disant : »tiens....merci.... » Cela peut paraître banal, mais a son importance. Ce type d'échange a continué quelques années.

Le travail a continué avec les échanges et les prêts de jouets à l'occasion de rencontres avec les petits camarades ou de la recherche de cadeaux pour les anniversaires.

Ils ont aussi partagé leur goûter à l'école, ce sont levés pour céder leur place à plus âgés, porter les courses trop lourdes de ceux- ci.

A contrario, lorsque nous assistions à des comportements à l'encontre du partage, nous commentions en en tirant les conclusions adéquates.

Il me vient à l'idée cette publicité pour un produit laitier dans laquelle un adolescent reproche à sa mère de s'être servi de de Son Produit !!!:

« C'est MON...produit ! » di- il, « oui, mais s'est MON produit ! » insiste t- il.

Comme j'ai dit à mes enfants : « SON produit dans le réfrigérateur de SA maman ! »

De même cette publicité qui touche à mon sens à une valeur fondamentale, un acte d'Amour, de partage, un moment de douceur entre une mère et sa fille. Elle concerne une marque de shampoing : la mère demande à sa fille de la coiffer, ce à quoi cette dernière répond en demandant si elle est punie (les cheveux n'étant pas suffisamment doux...). Cela m'attriste profondément car je me demande combien de jeunes absorbent ce type de messages et pensent normal cette vision des relations avec leur mère.

Partager, c'est échanger un moment de douceur, c'est offrir ce qui fait plaisir et en être content.

Partager ne veut pas dire se dépouiller. Il est nécessaire de prévenir nos enfants qu'il existe des personnes peu scrupuleuses, qui abusent de ceux qui savent partager et qu'il faut savoir s'en protéger. Ils doivent savoir que ces personnes confondent l'esprit de partage avec une éventuelle faiblesse, une éventuelle naïveté. Il faut savoir repérer et dire non aux excès. Comme je disais aux enfants, lorsqu'on peut le faire, *il faut apprendre à pêcher plutôt que de donner du poisson.*

Autre chose importante sur laquelle j'ai attiré leur attention, repérer les personnes qui ne partagent pas (et en général aiment à recevoir des autres) : ceux dont les « moi, je » les « mon », les « ce sont mes affaires » les « quand nous serons ensemble, je » sont très largement représentés dans le langage, ceux qui monopolisent la parole, le temps, qui se servent grassement alors qu'ils ne sont pas seuls,.....

Apprendre à trouver l'équilibre entre esprit de partage, empathie et débordement d'empathie est indispensable ; ceci se fait avec le temps plus ou moins rapidement en fonction de la personnalité, du caractère. Pour ma part, cela a été relativement long.

Savoir partager c'est être solidaire de l'autre. Tout comme la notion de Partage, celle de la Solidarité apparait au sein du cocon familial.

J'ai très rapidement constaté que dans la fratrie, les enfants avaient entre eux, et réciproquement, un instinct protecteur assez poussé. La conséquence a été cette Solidarité qu'ils ont développée, d'abord entre eux, puis envers leurs camarades et après, plus largement.

Ils se sont toujours défendus à l'école ou partout ailleurs, la seconde arrivant même à se battre pour protéger son frère qui se faisait agresser, son frère plus tard la défendant. Et ainsi de suite. J'ai toujours été tranquille les sachant ensemble, et encore aujourd'hui.

À ce jour, mes enfants ont, de leur propre initiative, engagé des dons réguliers et/ou achètent des repas qu'ils vont distribuer aux sans domicile fixe, font des « charities » à Noël et interviennent ponctuellement, dès qu'ils jugent nécessaire et qu'ils le peuvent. Pour ma part, cela fait maintenant plus de quarante ans que je parraine des enfants via « Médecins Sans Frontières »

Module 4 :

Rapport à l'autre- Respect des Convictions.

« Tout ce que l'on veut pour soi, on le veut pour les autres. Tout ce que l'on ne veut pas pour soi, on ne le veut pas pour les autres. » Je me présentais d'ailleurs ainsi à mes élèves : « Je suis votre professeur, mais je suis aussi une mère, tout ce que je veux pour mes enfants, je le veux pour vous... »

Les autres dépendent de nous et nous dépendons des autres, nous nous devons d'être crédibles, attirer le respect.

Le rapport à l'autre est basé sur deux grands fondamentaux, la Communication et le Respect.

Toutefois, ils seront d'autant plus efficaces que le rapport à soi- même et son propre respect seront établis.

Le rapport à soi, c'est la considération que l'on se porte à soi- même, la confiance en soi. Chez l'enfant, elles se mettent en place progressivement dans la mesure où on lui en donne l'opportunité. Dans le cas contraire, les relations à l'autre seront faussées.

Le Respect de Soi se manifeste à deux niveaux, celui de son corps (en se lavant, se brossant les dents, s'habillant proprement, se nourrissant correctement tout en se faisant plaisir....), le deuxième niveau étant l'état d'esprit (ne pas se nourrir de ce qui est négatif, ne pas insulter, se laisser aller à des comportements extrêmes (cela ne veut pas dire ne faire ni fautes, ni erreurs).

Les rapports qu'une personne établira avec les autres seront d'autant plus maîtrisés que ces deux points précédents seront acquis. Cette personne saura mieux gérer ce qu'elle attend de l'autre et du respect qu'elle doit exiger de lui. Ces rapports seront fonction, entre individus de la capacité d'écoute et d'échange de chacun, donc de la communication.

Encore une fois, les premières expériences se présenteront au sein de la structure familiale, tout comme celles permettant d'acquérir le Respect de Soi.

Dans le cadre familial strict :

On peut schématiser les différents types de rapports entre membres comme suit :

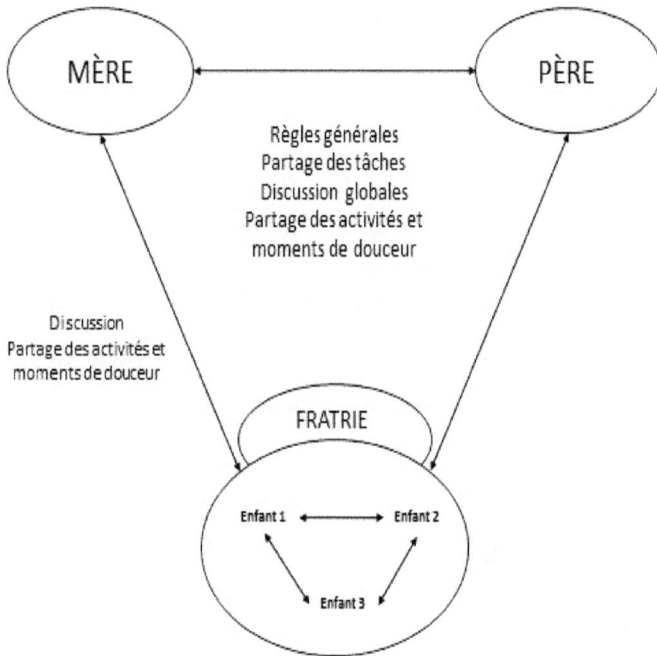

MÈRE ←——————————→ PÈRE

Règles générales
Partage des tâches
Discussion globales
Partage des activités et
moments de douceur

Discussion
Partage des activités et
moments de douceur

FRATRIE

Enfant 1 ←——————→ Enfant 2

Enfant 3

Toutes les situations vécues entre les parents sont perçues par les enfants et ont indéniablement des incidences : les échanges de sentiments, de mots positifs ou négatifs, toute situation conflictuelle.

Il semble indispensable, pour diminuer les effets

négatifs d'expliquer à nos enfants que les parents, et généralement les adultes, ne sont pas des êtres parfaits et que tout comme ils ont de belles qualités, ils ont des défauts desquels ils doivent s'amender.

Je leur ai fait remarquer que la logique voudrait que plus on grandit, plus on devient sage, mais que ce n'est hélas pas toujours le cas.

Cette même logique voudrait qu'en cas de distensions importantes, les parents préservent leurs enfants en se dispensant de se discréditer en leur présence ou pire que l'un discrédite l'autre plus ou moins subrepticement, en aparté avec eux.

Voilà d'ailleurs le type de conséquence pouvant en découler : ma cadette, treize ans, s'est armée de courage pour me faire une révélation très difficile. Elle m'a demandé de lui donner le temps de se préparer, pis elle est venue vers moi....

« Maman,......Â un certain moment, je ne t'aimais pas..... Le pire c'est que je ne trouvais rien à te reprocher....... Mais maintenant, j'ai compris..... Tu vas m'aimer toujours ? »

Ce à quoi je lui ai répondu que j'étais très fière d'elle, que je ne cesserai jamais de l'aimer, et qu'elle avait été très courageuse de me l'avouer.

Il faut dire que, des deux parents, je suis celle qui cadrait et recadrait d'une part, et d'autre part, elle était sous une certaine emprise pas forcément positive.

Je sais qu'elle croyait ne pas m'aimer, ses gestes et son comportement disaient l'inverse... et puis, une maman sent ces choses-là. En témoigne également la multitude de petits mots doux, que je garde encore aujourd'hui, qu'elle me laissait dans sa chambre, la mienne, sur mon bureau, un peu partout, tout comme les deux autres le faisaient.

En fait, elle m'a fait un très beau cadeau dans la mesure où elle m'a montré que, même en craignant les conséquences, elle a assumé pleinement sa démarche.

Les relations verticales parents-enfants permettent de dispenser les règles générales et communes de la vie de groupe, d'établir le partage des tâches sans distinction de sexe, d'avoir des discussions globales, des débats, des moments de douceurs.

Avec les enfants, nous chantions ensemble, faisions des jeux de société....

Je leur ai souvent raconté l'histoire de notre famille, de leurs grands- parents et arrières grands- parents....

Au niveau transversal, dans la fratrie, les enfants apprennent à discuter entre eux à travers des activités communes, des loisirs, à travers l'entre-aide scolaire, le partage de moment de douceurs...et bien évidemment, les disputes. Ma mère disait, lorsque nous nous disputions que cela entretenait la fratrie Cela a son sens si on considère que c'est un des moyens de connaître les frères et sœurs et de se connaître soi- même, et d'apprendre à faire des compromis.

Concernant ces disputes, la stratégie adoptée a été la suivante : en situation conflictuelle, je leurs demandais d'aller discuter et de revenir me donner la (ou les) solution (s) trouvée (s) pour résoudre le problème. En général, c'était résolu, et les rares cas où ça ne l'était pas, alors j'intervenais.

Les enfants étant différents, des rapports spécifiques vont se créer individuellement entre les membres de la famille

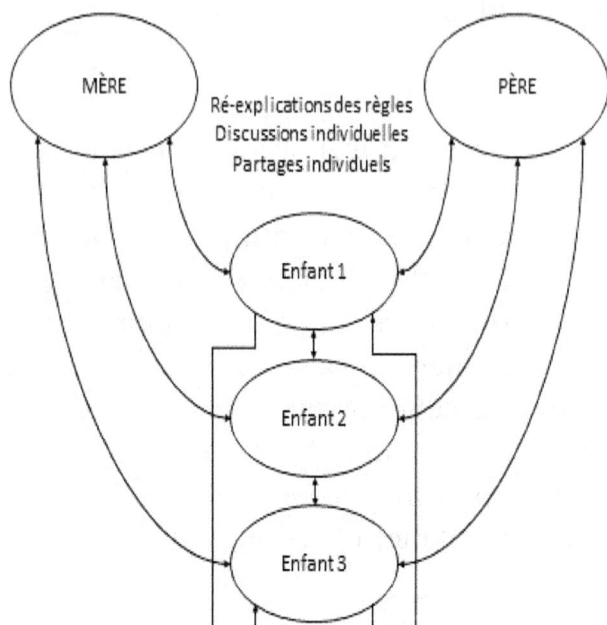

En fonction de la personnalité et du caractère de chacun, les rapports verticaux et transversaux seront donc individualisés.

Ils vont s'exprimer par la « ré explication » des règles, les discussions, aides scolaires, moments de câlins…de façon individuelle.

Suivant les périodes, les affinités ont fluctué au sein de la fratrie, les rapprochements en ont été fonction.

Pour favoriser tous ces moments, il a été convenu de limiter les heures de télévision, outil dont l'impact peut provoquer l'enfermement et l'isolement dans une sphère « télévision-enfant ». Durant les heures accordées, passer un certain temps avec eux à regarder des dessins animés, des documentaires.... d'en discuter sont propices à empêcher cet isolement.

Dans le cas où l'on se retrouve de façon fortuite devant quelque publicité ou émission peu recommandable, la solution n'est ni d'ignorer, ni de zapper mais de commenter, de critiquer et d'en tirer une morale ensemble.

Entre tous ces moments d'échange, je pense très important de préserver des moments de « solitude » aux enfants lorsqu'ils le sollicitent.

Régulièrement, les miens manifestaient, comme ils le disaient, leur « envie d'être seul ». J'ai toujours respecté ce besoin. Â mon sens, c'est à cette occasion que l'intégration inconsciente des expériences emmagasinées, et du retour sur soi s'opèrent.

C'est à cette occasion que j'ai pu palper le mal être qui s'installait chez mon aînée.

Il se peut qu'une tierce personne, en l'occurrence une nounou ou une aide-ménagère, interfère dans le cadre familial strict pour alléger la charge d'entretien. J'ai été très vigilante sur le fait que les enfants ne considèrent cette personne comme à leur service, mais comme une véritable aide qu'on doit respecter.

Ainsi, suivant leur âge, ils n'étaient pas exempts de certaines tâches : ranger leurs vêtements, faire leur lit, laver la timbale dans laquelle ils ont bu si la vaisselle venait d'être faite.

Après mon divorce, le schéma relationnel a évolué puisqu'il n'y avait plus de figure paternelle. J'ai fait le choix de ne pas inclure de beau- père pour favoriser la reconstruction.

Dans le cadre familial large :

La connaissance de l'histoire des ascendants et le maintien du lien affectif de ces derniers avec leurs petits enfants sont importants. Mes enfants ont créé des liens très étroits avec leur » Nounou » grand- mère maternelle, qui était leur confidente. Je suis heureuse d'avoir pu constater que les échanges étaient essentiellement affectifs, elle, leurs racontant le passé et eux lui confiant leurs petits secrets. Les attentes matérielles étaient loin d'être une motivation.

J'ai eu de la peine à entendre ce grand-père me dire que s'il n'a pas de cadeau ses petits-enfants ne viennent le voir, ou cette grand- mère qui n'a de nouvelles des siens que s'ils ont besoin d'argent....

Pour ce qui est des tantes, cousin(e)s..... il s'agit de maintenir les liens tant que possible, et suivant les affinités.

Au sein de la communauté :

Les bases relationnelles établies dans la famille conditionnent les comportements que les enfants adoptent dans la communauté.

Il faut apprendre aux enfants à communiquer correctement, du mieux que l'on peut, par les mots, les expressions, le ton, leurs apprendre à gérer leurs gestes et leurs mouvements. Il convient de les guider et de réajuster si nécessaire. Cela peut être par exemple s'ils s'adressent incorrectement à un de leurs camarades ou à un adulte.

Dans une situation de conflit, j'ai toujours expliqué à mes enfants que la première chose à faire c'est essayer de désamorcer. Comme je dis souvent, le plus intelligent désamorce. En cas où ils n'y arrivent pas, se référer à un adulte ayant autorité, maître (sse), parent ou autre, jusqu'à un certain âge bien évidemment.

Il faut apprendre aux enfants à se protéger de l'autre, camarade ou non, adulte ou non. Pour cela :

- ne pas se livrer à tout va, protéger notre vie, notre intimité

- ne pas se laisser influencer par l'autre, *les conseilleurs ne sont pas les payeurs,* car la responsabilité de nos actes nous incombe

- ne pas accepter n'importe quoi des adultes sous prétexte qu'ils le sont

- savoir qu'on peut être déçu, malmené ou trahi par certains. Dans ce cas, il faudra pouvoir continuer le chemin en dépit de notre tristesse, le temps guéri tout. En tirer expérience, et surtout, ne nourrir ni rancœur, ni haine, ni esprit de vengeance, car c'est à soi- même qu'on fait le plus de mal.

Enfin, ils doivent savoir que si on respecte l'autre, l'autre ne nous respecte pas forcément. Il faut donc exiger ce respect en adoptant les attitudes adéquates.

Ils doivent pouvoir réagir, comme dans cette situation vécue par ma cadette en classe de quatrième. Régulièrement touchée par un garçon en classe de troisième, et n'ayant pas trouvé l'aide du responsable de Vie Scolaire qu'elle a tant et tant sollicitée, elle a résolu le problème. Elle a infligé à ce jeune homme un ippon mémorable qui lui a valu le respect de tout le collège.

Il faut respecter l'autre dans ce qu'il est physiquement et mentalement, socialement, culturellement,.... Dans tous les aspects de sa personne. Il faut le respecter dans la confiance qu'il a pu nous accorder.

Il faut le respecter à travers les engagements qu'on a envers lui, dans nos comportements (assiduité, ponctualité.........)

Il faut le respecter dans toutes ses convictions.

Pour ce qui est du respect des convictions :

Ces dernières sont essentiellement religieuses et politiques bien qu'il y en ait tant d'autres. Leur respect demande que l'on admette qu'on ne détient pas la science infuse, d'avoir l'esprit ouvert et d'être humble sur nos connaissances.

Comme de nombreuses fois, j'ai imaginé des schémas pour base explicative. Voilà une façon de s'y prendre (avec une petite leçon d'anatomie au passage).

A noter que le vocabulaire et les explications peuvent être adaptés, plus ou moins complexes, en fonction de l'âge des enfants (notion de champ visuel plus ou moins large, monoculaire, binoculaire.....)

Les données : deux personnes, Emma et Manu sont debout au centre d'un grand cercle, dos- à-dos. Elles regardent droit devant elles.

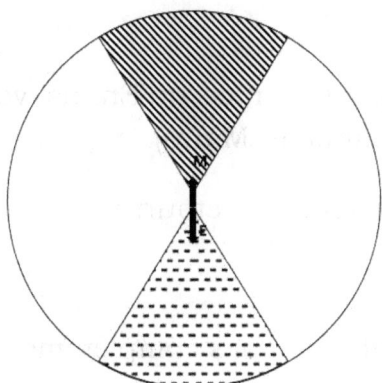

➡ Direction des regards de M et E
⬚ Champ visuel binoculaire d'Emma (E)
⬚ Champ visual binoculaire de Manu (M)

Emma et Manu voient deux zones différentes du cercle grâce à leurs deux yeux.

Je pose alors quelques questions aux enfants, en les aidant aux réponses si nécessaire.

- Est- ce que cela veut dire que ce que Manu ne voit pas n'existe pas ? (idem pour Emma)

Réponse évidente attendue : non, le reste du cercle existe.

- Comment Manu peut voir ce qu'Emma voit ?
(idem en inversant Emma et Manu)

Réponse attendue : il (elle) se retourne

- Et s'il (elle) ne se retourne pas complètement ?

Réponse attendue : il (elle) ne va toujours pas
voir, ou bien il verra seulement une partie de ce
qu'Emma voit.

Je propose alors une illustration.

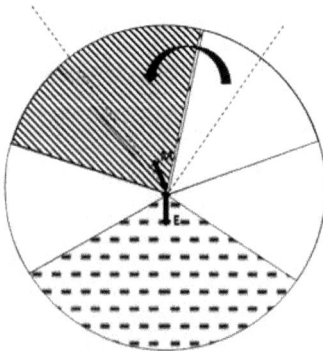

Manu ne s'est pas suffisamment retourné pour voir ce que voit Emma

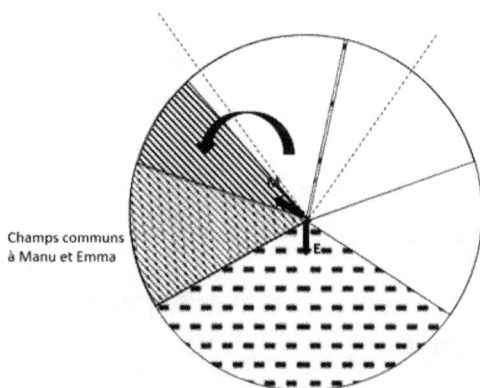

Champs communs à Manu et Emma

Manu voit une partie de ce qu'Emma voit.

On récapitule : pour que Manu voie ce qu'Emma voit en partie ou totalement, il doit se retourner en partie ou totalement.

Je leurs explique alors que nos yeux nous permettent de voir seulement une zone devant nous. Cela ne veut pas dire que ce que nous ne voyons pas n'est pas. Si nous voulons découvrir ce que nous ne voyons pas, nous sommes obligés de nous déplacer, nous retourner.

(On pourrait aussi reculer suffisamment)

Nous sommes limités dans notre vision par les caractéristiques de nos yeux.

Mais nous pouvons y remédier en partie.

Après cette démonstration, le lien est possible avec les domaines de connaissance de chacun.

Imaginons que les connaissances peuvent être représentées dans un grand cercle.

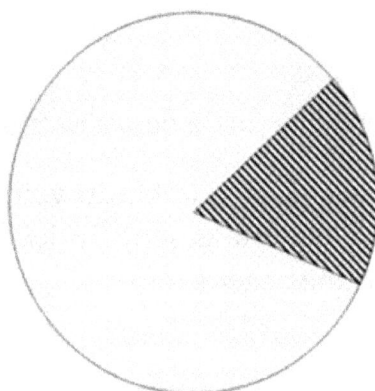

☐ Domaine de l'inconnu

▨ Domaine de connaissance d'un individu

Manu possède des connaissances qu'il a acquises, par l'école, ses lectures, ses recherches, son vécu, sa vie.

Cela ne veut pas dire que tout le reste du cercle n'est pas, tout ce qu'il ne connait pas n'est pas réel...

Ce n'est pas parce que quelque chose nous est inconnue ou non visible qu'elle n'existe pas.

De la même façon, même si leur base peut être commune, les connaissances des hommes tout comme leurs convictions leurs sont propres.

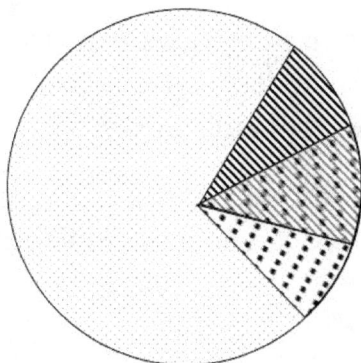

Les domaines de connaissances sont totalement

▨ Domaine inconnu à Manu et à Emma

▨ Connaissances propres à Manu

▨ Connaissances propres à Emma

▨ Connaissances communes à Manu et Emma

différents, mais cela n'implique pas que les connaissances de l'un sont fausses par rapport à celles de l'autre.

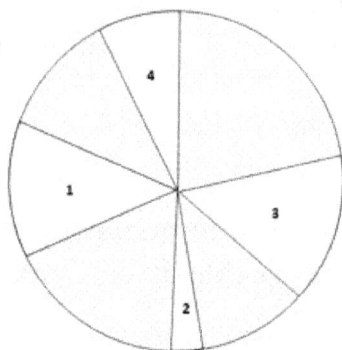

Quatre individus (1,2,3 et 4) avec des domaines de connaissance totalement différents

Souvent les domaines de connaissances se chevauchent, et cela ne veut pas dire que ce que l'autre ignore est faux.

Je conclue sur la nécessité d'être humble sur nos connaissances, sur le respect des connaissances de l'autre, de ses convictions.

On a le droit de ne pas être d'accord, mais on doit respect aux convictions de l'autre.

J'ai évoqué l'essentiel des fondamentaux de cette

Grande Ecole de la Vie, ce qui me tient à cœur, ce qui fait de nous des hommes.

Mais pouvons-nous nous dispenser des valeurs spirituelles.

Et... La Spiritualité :

Il est, à mon sens, nécessaire que les enfants aient un support spirituel. Pour ma part, je suis née chrétienne catholique, et j'ai eu la chance d'hériter de ma mère d'une foi inébranlable en Dieu. Maman a eu l'intelligence de ne pas embrigader ses enfants de façon rigide, tout en apportant cet enseignement spirituel. Elle a su avoir l'esprit critique et ne pas tout absorber sans discernement.

Bien évidemment j'ai eu, jeune adulte, mes périodes de doutes voir de révolte : « *Si Dieu existait, il n'y aurait pas eu de guerres, les enfants de mourraient pas de faim...etc...etc..... »*

Ce passage m'a permis d'éprouver ma foi, de la conforter, de la renforcer.

J'ai compris que l'Homme, qui a le libre arbitre,

est responsable des décisions plus ou moins nobles, plus ou moins destructrices qu'il prend. J'ai compris que Dieu n'est pas responsable des méfaits de celui- ci.

J'ai compris que les religions qu'ils ont créées, sont pour les hommes prétexte à tuer, opprimer, manipuler, détruire au nom de Dieu.

Mes réflexions, mon cheminement m'ont conduite à développer ma propre vision de la spiritualité. C'est bien évidemment celle que j'ai transmise à mes enfants.

Ma première démarche a été de les baptiser mais ma motivation était totalement opposée à celle qu'ont tentée de m'imposer les diacres lors de l'unique réunion de préparation à laquelle j'ai assistée. Ils ont voulu me convaincre que mes enfants étaient des « créatures » que le baptême transformerait en « enfant de Dieu » !! Pour ma part, mes enfants ont été enfants de Dieu dès le moment de leur conception et le baptême était un acte symbolique durant lequel je remerciais officiellement Dieu de ce don, en les lui « re-présentant ».

J'ai expliqué ceci plus tard à mes enfants.

Ma deuxième démarche a été de faire le nécessaire pour inscrire l'ainée (la seconde étant encore trop jeune) à un groupe de « catéchisme ». J'ai vite déchanté après avoir assisté à des comportements tant du prêtre que des instructrices, comportements, à l'encontre de ce que je me fais des attentes de Dieu.

Je me suis alors référée à la meilleure des institutions, celle de la Vie, en établissant que la Foi se vit au quotidien, à travers toutes les valeurs qui construisent l'Homme et considérant que la différence ne se fait pas sur ceux qui vont ou non à l'église.

Cette apprentissage a été étayé par des supports livres qui sous forme de petites histoires, racontaient la bible, présentaient des prières que nous commentions. D'autres illustraient les valeurs telles que la bonté, l'humilité, ...etc...

Les documentaires et autres films ont donné l'opportunité de découvrir la diversité des croyances, de connaître l'existence de Bouddha, d'Allah .... De discuter des sectes et de leurs influences.........

Le lien était fait avec les situations réelles et dans le quotidien dès que l'occasion s'y prêtait.

Les enfants ont grandi.....

Tout comme moi, ils ont eu des moments de doute mais il y a des évidences qui n'ont jamais été remises en cause :

- les hommes assouvissent leurs délires en se servant de Dieu et sous- couvert de la religion,

- tout homme a droit au respect de ses convictions, c'est à nous d'adhérer ou pas après analyse,

- quel que soit le groupe religieux observé, on y trouvera toujours des hommes sincères et droits et d'autres hautement malhonnêtes, malsains,

- Il n'y a qu'un et qu'un seul Dieu et quel que soit le nom qu'on lui donne, c'est le même,

- Dieu est Amour et Miséricorde. En aucun cas, il est affublé de défauts humains tels la colère, la jalousie. IL ne punit pas, on récolte tout simplement ce que l'on sème.

- La Maison de Dieu est La Terre, Le Monde et on lui doit le respect. Temples, églises, synagogues et autres lieux de culte ne sont que des succursales, des agences de rassemblement.

Finalement, nos valeurs spirituelles, ne sont-elles pas tout simplement le miroir de nos valeurs humaines ?

Le mot de mes enfants :

« Nous sommes satisfait de notre culture générale au niveau spirituel. C'est important que nous ayons acquis la notion de différence entre religion et spiritualité, que nous ayons compris que les valeurs chrétiennes sont avant tout les valeurs humaines. Nous utilisons donc la chrétienté pour être de bons et meilleurs Êtres Humains.

Mais ce qui est fondamental, rien ne nous a jamais été imposé. Nous avons pu réfléchir, nous faire nos propres idées et débattre sur certains concepts lorsque nous n'étions pas d'accord, ce afin de trouver et développer nos propres croyances.

Nous apprenons, nous considérons la valeur, ce que ça peut nous apporter ou pas. Ensuite, nous incluons les éléments dans notre système de pensée. Et, enfin, surtout, nous ne sommes pas que des moutons qui peuvent suivre un gourou spirituel ou religieux, Nous ne sommes pas à l'abri d'une manipulation, mais nous avons les armes pour voir venir autant que nous pouvons.

Les difficultés et obstacles majeurs.........

Elles ont émanées et émanent encore de sources diverses, intra ou extra- familiales.

- Concernant les sources intra- familiales, en premier lieu, les divergences éducatives entre père et mère. Ne pas discréditer un parent demande à rester subtile, diplomate dans la façon d'aborder les désaccords. Ce n'est pas évident surtout si l'on se fait sous- estimée à tout instant.

Dans la mesure où mon approche et mon langage n'étaient pas forcément partagés par le père, ces divergences m'ont contrainte à redoubler d'assiduité et de vigilance pour passer les notions que je pense justes. Sans m'étendre, je dirai tout simplement qu'elles n'ont pas été sans conséquences à plus ou moins long terme.

Parmi toutes les raisons, c'est la fondamentale m'ayant conduite au choix du divorce.

Je me suis sentie rassurée quand ma plus grande fille a alors verbalisé savoir où était l'intérêt affectif et éducatif de la fratrie.

- Ma mère disait que la réussite d'une union ne

dépendait ni de ce que chacun possédait, ni de la couleur de la peau, mais de l'éducation des conjoints. Grand Dieu, qu'elle avait raison !! Comme elle disait, tout beau, tout nouveau, et moi j'ajoute que ce n'est ni la force de l'amour, ni sa véracité qui est remise en cause, mais bien la façon d'aimer, indéniablement liée à l'éducation.

- Après le divorce, il a fallu assumer seule deux jeunes adolescents, la plus grande ayant commencé les études.

- Dans tous les cas, avant ou après, il a fallu avancer, ne pas baisser les bras, en dépit de moment de fragilité, de fatigue, de désabusement, de solitude mentale. Affronter les obstacles, souvent seule a été difficile à certains moments.

N'ai- je pas entendu si souvent et n'entends- je pas encore cette petite voix me disant :

« .Je ne t'ai jamais dit que ce serait facile » ?

- Au niveau de la fratrie elle- même, comme dans toutes les familles, chaque enfant a dû se trouver par rapport à la place qu'il occupe. En ce qui concerne l'ainée, elle s'est infligée une « auto- pression » en s'investissant très tôt, le rôle de modèle pour ses frère et sœur.

Il fallait qu'elle soit l'exemple. Elle ne s'est d'ailleurs jamais totalement délestée de ce fardeau. Je sais que cela lui a pesé très lourd en dépit du fait que j'essaie de l'en décharger.

Quant à la cadette, elle n'a pas toujours été très à l'aise, d'autant qu'elle considérait sa sœur plus intelligente qu'elle. Loin de là, elles sont tout simplement différentes, avec des centres d'intérêts différents. Elles ont maintenant trouvé leurs marques.

Il me semble, par contre, que la place de dernier a été mal vécue bien plus tard pratiquement à la sortie de l'adolescence et après. Grandir entouré de deux sœurs et d'une maman seule, présente pour un garçon beaucoup d'avantages mais aussi des inconvénients.

Enfin, le fait d'aborder certaines situations différemment avec chaque enfant en fonction de son caractère et de sa personnalité, n'a pas toujours été bien compris par les autres, surtout à partir de l'adolescence. La vision que la mère a n'est évidemment pas la même que celle des enfants et il a été difficile d'entendre que les deux grandes pensaient que je favorisais le dernier, alors que dans le même temps, celui- ci disait exactement l'inverse... Pas très facile à gérer !! Heureusement, ce n'était pas récurrent...

Les influences extérieures ont été elles aussi responsables de diverses difficultés.

-   Le regard des autres sur la façon dont vous élevez vos enfants tend à vous discréditer, lorsqu'ils ne vous remettent pas directement en cause.

Je me souviens de ce jour où je me suis faite invectivée en pleine rue pour avoir refusé de donner à ma fille (trois ans) le ballon que je venais de lui acheter. Elle pleurait et voulait en jouer sur le trottoir, au risque de se mettre en danger. Au dire de ces gens, je la traumatisais. Je leur ai signifié, de façon radicale, mon rôle de parent.

Et cette autre fois où une amie m'a informée que j'étais trop dure avec mes enfants. Je les ai appelés et leurs ai tout simplement demandé. Ils m'ont répondu que c'était du n'importe quoi, qu'ils n'étaient pas d'accord et que je leur expliquais les choses.

-   Avec récurrence, il a fallu gérer la maladresse (ou la bêtise, ou la méchanceté, je ne sais pas) de certains adultes, ne se gênant pas pour comparer les filles en leurs faisant des remarques désobligeantes sur leur physique.

Anaïs plutôt potelée, Maëva plutôt fine ..... La première recevant sans cesse des commentaires sur sa grosseur, sur ceci ou cela, je passe les détails. Imaginons deux petites filles.....Quels sentiments pourraient naître chez elles ? – chez l'une, perte de confiance, renfermement, complexes, jalousie et même rancœur envers sa sœur...,- chez l'autre, prétention, manque d'humilité, complexe de supériorité.... Heureusement, ce n'est pas arrivé à ce stade. Je m'en suis rendue compte très rapidement, grâce à des expériences antérieures et tout a immédiatement été mis en œuvre pour diminuer les dommages. Si Il n'y en a eu aucun chez la cadette, ceux –ci n'ont disparu totalement que tardivement chez l'ainée ....

Et plus tard encore, quand ce professeur de lycée, collègue qui a annoncé au conseil de classe que ce n'était pas normal que mon fils arrive chaque matin avec moi, et que nous mangions ensemble chaque midi, cet autre qui a trouvé anormal que le lui arrange les cheveux avec tendresse , émettant cette réflexion : « même ça ! » alors que dans le même temps à sept heures du matin, elle fume dans sa voiture en compagnie de sa fille. Ce à quoi d'ailleurs mon fils a répondu : » chacun fait ses choix, Maman mes cheveux, madame X sa cigarette pour son enfant !».... La réaction aurait pu être toute autre, et mon fils m'évitant s'il était influençable...

Des anecdotes comme celles- là, il y en a tellement !!...

- Certains adultes, surtout ayant autorité, qui déçoivent les enfants, remettent en cause les approches et décisions que vous pouvez prendre dans certaines situations. Pour exemple, mon fils en cinquième, embêté sans cesse par un plus grand. Je lui dis de ne pas se battre, il est ceinture marron de judo, et de référer à un adulte. Il n'a jamais été entendu... J'ai dû retourner sur ma décision, aller voir le responsable et lui dire que c'est moi maintenant qui donnais l'autorisation à mon fils de se défendre....

Et d'autres, qui se sont fourvoyés dans la mauvaise foi, le mensonge ou les injustices, devant des enfants...... C'est pathétique, mais il faut discuter et chaque fois essayer de redresser la barre, réhabiliter ses convictions.

- Le regard porté (en classe ou ailleurs) par leurs camarades sur eux, a été à l'origine de nombre de discussions avec mes enfants.
En dépit du fait qu'ils réagissaient bien, et que leur bon sens leur disait que tout n'était pas

bon à prendre, ils ont eu envie de faire comme tous les autres, se fondre dans la masse, ce, à partir de la préadolescence. Dieu merci, cela n'a pas duré longtemps.

- Une difficulté majeure a été leur entrée dans le monde adulte, la confrontation de leurs valeurs, de leur bagage avec la réalité. Même s'ils en savaient un minimum, la rencontre directe ou indirecte avec les injustices, les disfonctionnements, avec la partie sombre du monde, est douloureuse. Qu'ils en soient victimes ou non, ils le vivent et le vivront encore du plus profond de leur être...tout comme moi, encore à ce jour. Cela tend à remettre en cause non pas les valeurs, mais leur mode de fonctionnement à eux.

Je n'ai jamais baissé les bras face à ces difficultés, car outre le fait qu'elles renforcent l'esprit tout comme le travail fortifie le corps *(Sénèque)*, elles sont faites pour être abattues et non pour abattre *(Charles de Montalembert)* J'élargis ma réflexion...

4 MON ANALYSE GLOBALE

Je regarde la vie, je regarde le monde. Je regarde mes enfants dans ce monde, je regarde ce monde dans lequel évoluent mes enfants.

Je fais le bilan. J'ai vu, le temps passant, s'installer un tel laxisme détruisant les valeurs qui font de nous des Hommes, de vrais.

Je regarde à travers les yeux de nos enfants, de nos jeunes.... que leurs exposons nous? La plus laide face du monde. Qu'enregistrent- ils inconsciemment ? Que voient- ils ?

Ils voient des contradictions permanentes, des adultes, beaucoup d'adultes non crédibles. Des hauts, très hauts placés qui volent, détournent, trichent, mentent au vu et au su de tous. Ceux qui ont autorité et qui font les lois à l'encontre de la raison mais qui en fustigent les conséquences, sanctionnent ceux qui les appliquent. .....

Comment se révolter de voir ces jeunes de quatorze ans, des fois moins, partant faire le djihad, alors que l'autorisation de sortie de territoire a été abolie et que la libre circulation de ces jeunes mineurs est favorisée ?

Est- ce nécessaire de banaliser, voire inciter l'acte sexuel en proposant la gratuité de la pilule à de jeunes filles de quinze ans, ou la distribution de préservatifs dans les collèges ? Pourquoi dans les collèges et pas en pharmacie ? La perception serait toute autre. Nous sommes à une période de leur vie où ces jeunes commencent à peine à se chercher, à se découvrir eux-mêmes,

Pourquoi interférer négativement ?

Est- ce normal qu'une mineure puisse se faire avorter sans que son représentant légal en soit informé ? Qu'elle ait le choix de le faire est une chose, mais que le parent n'en sache rien, soit tenu à l'écart. Pourquoi ne pas plutôt les aider à apprendre à communiquer, à se comprendre ? ... et si il y a des complications, que se passe t- il ?

Il est évident que certains jeunes doivent être protégés de leurs propres parents, et que tout doit être fait pour. Cependant, il ne s'agit pas de généraliser. Si l'on ne reconnait pas l'autorité parentale, comment espérer que, par un tour de magie, soit respectée l'autorité des différentes instances auxquelles le futur adulte est et sera confronté ?

Ils observent que la culture du paraître et de l'avoir, si dévastatrice, font acte de pouvoir et de reconnaissance au détriment de valeurs intrinsèques comme le mérite, le courage.

Ils voient les lobbies se jouer des peuples, de leur santé, des intérêts de la planète, ils voient banaliser les injustices, les humiliations.... Ils voient les guerres, les migrants en fuite.

Ils voient un monde où on veut leur faire croire que la couleur de la peau fait ou ne fait pas l'Homme.

Ils voient un monde où la beauté intérieure n'a aucune valeur et où on se moque des gens dont le physique ne correspond pas à des pseudo- normes

Ils voient un monde où on attend des autres ce qu'on ne veut pas leurs donner. Ils voient.... Ils voient....

Ils côtoient tant et tant de disfonctionnements !! Et tout et n'importe quoi rentre dans la normalité.

Pour peu qu'ils aient eu quelque fusil ou autre arme comme jouet, comme cadeau quelque jeu où on doit tuer un maximum de personnes, ou en voler le plus possible, on arrive à un manque

de discernement certain, avec les conséquences qu'on imagine, et qu'on leurs reprochera plus tard.

Et puis de temps en temps, on entrebâille la porte, on leurs laisse entrevoir la belle face du monde, suffisamment pour faire semblant de la leurs proposer, mais pas assez pour qu'ils puissent y accéder.

Je me sens souvent en porte à faux avec un système par lequel je ne me sens pas toujours soutenue.

Paradoxalement, au bon prodigieux dans lequel nous entraîne le progrès, j'ai le sentiment d'un nivellement par le bas qui prive progressivement notre espèce si savamment et si humblement nommée « Homo sapiens sapiens » (deux fois sapiens !) de ses potentiels et de ses valeurs intellectuelles spirituelles et morales.

Le challenge éducatif apparait d'autant plus élevé que nous nous « auto- discréditons », nous demandons à nos enfants d'apprendre, de raisonner, tout en les plongeant dans un monde d'illogismes.

La mère, que je suis, pense...: Une mère peut tellement supporter, endurer, encaisser, elle se battra jusqu'au bout.... Mais voir son enfant « dévier », se perdre, peut la détruire à petit feu.

La mère que je suis se révolte....Laissons nos enfants grandir raisonnablement, ce n'est pas les frustrer que de leurs expliquer qu'il y a un temps pour chaque chose. Mais arrêtons de sous-estimer leur intelligence en les infantilisant, en les déresponsabilisant. Faisons leur confiance, respectons-les. Arrêtons de penser que leur cerveau est plus que limité. Tout n'était pas mauvais à la « vieille école » et tout n'est pas bon à la « nouvelle école »

Arrêtons de les tromper, prenons nos responsabilités !

Ne détruisons pas nos enfants !

Pourtant je garde foi en l'homme.

Je me prends à espérer, je me prends à y croire.

Ouvrons grand la porte, permettons leurs

d'accéder à cette face du monde.

Celle que l'on ne met pas assez en avant.

Celle qui n'est pas parfaite, certes, où on peut faillir certes, mais où l'on reconnait ses manquements et essaye tant que faire se peut, de tirer leçons et profits des erreurs et des fautes.

Celle où il y a de vrais droits et de vrais devoirs.

Celle où l'on sait que la couleur de la peau est marque de diversité et de richesse.

Celle ou la beauté intérieure supplante et irradie les critères morphologiques

Celle où les gens s'entraident au lendemain des catastrophes, ou des attentats, et plus généralement dans le quotidien, où l'on donne sans attendre de retour.

Celle où l'on se respecte, où on respecte la vie, les animaux, la Nature, où des organismes œuvrent pour améliorer les conditions de vie et de santé de ceux qui souffrent ou qui se battent pour la planète.

Celle des gens qui démissionnent de leur fonction plutôt que de se fourvoyer, qu'ils soient hauts fonctionnaires ou non.

Celle où on ne confond pas intelligence et instruction tout en sachant qu'elles sont complémentaires.

Celle où les gens se battent pour faire respecter la jeunesse.

Celle où on agit en homme conscient des valeurs, des vraies.

Celle où tout simplement, on pratique toutes ces petites choses qui nous paraissent insignifiantes mais tellement fondamentales à la construction de nos enfants : dire bonjour, au revoir, s'il te plait, merci Maman ou Papa, monsieur ou madame, excuse-moi, je suis désolée, tendre la main, embrasser,

Celle où l'on apprend que la beauté intérieure irradie et crée la beauté extérieure, tout comme la laideur intérieure crée la laideur extérieure.

Alors…. Redorons notre blason !

Ne perdons jamais de vue que nous sommes les modèles de nos enfants, et que, légitimement, leurs manquements peuvent souvent renvoyer aux nôtres. Ne pratiquons pas le « fais ce que je dis, ne fais pas ce que je fais ».

Redevenons crédibles et si nous défaillons

devant eux, expliquons leurs.

Agissons dans un premier temps, chacun à notre niveau, chaque fois que nous le pouvons, individuellement ou en groupe, dans la famille ou à l'extérieur.

Redonnons leurs la vraie notion de l'Amour, ne leurs laissons pas croire que les aimer se résout à leurs donner argent, vêtements et cadeaux.

Cessons du même coup cette culture du paraître et de l'avoir, apprenons leurs que, même si il est légitime d'aspirer à plus, ils ne doivent pas faire de fixation sur ce qu'ils n'ont pas mais apprécier pleinement ce qu'ils possèdent.

Apprenons leurs à gérer leurs frustrations, à accepter l'autorité légitime et non abusive en expliquant le bienfondé de celle- ci pour la cohésion du groupe.

Complimentons les pour ce qu'ils font de bien, mais ne les trompons pas, ne leurs faisons pas croire qu'ils sont parfaits.

Apprenons leurs à voir et à accepter leurs erreurs, leurs fautes, à les analyser, en comprendre la cause.

Apprenons leurs que l'important n'est pas où on est mais où on va.

Ne leurs laissons pas croire que tout est facile, ne cherchons pas à les protéger des difficultés de la vie, apprenons leurs à les surmonter.

Accordons leurs de l'écoute, des moments de partage. Dès leur plus jeune âge, ouvrons les à la vie, faisons leurs découvrir le monde à travers des documentaires (les chemins de l'école, voyage en terre inconnue....), les livres...

Apprenons leurs que les diplômes de la vie ont leur pesant d'or et sont complétés par les autres, ceux qui valident les compétences.

Apprenons leurs que la réussite est à portée de tous, qu'elle correspond à un état d'esprit, et que sa qualité dépendra des outils utilisés pour y parvenir. Qu'elle peut être noble et méritante ou bien volée et illégitime.

Augmentons leur chance, tout simplement, d'être heureux.

5 MÉSSAGE Â TROIS BELLES ÂMES

Mes enfants,

La plus grande grâce que Dieu m'ait faite a été de vous avoir. Chaque instant passé avec vous est indélébile.

J'ai eu la responsabilité de vous aider à grandir.

Vous avez eu, à un moment ou à un autre, des difficultés à porter le poids de l'éducation que je vous donnais. Vous vouliez « être comme les autres », vous vous sentiez différents. Maintenant, vous vous vous dites heureux de posséder les armes qui vous permettent d'avancer dans la vie. C'est le plus beau cadeau que vous puissiez me faire.

Je sais qu'il y a une part de vie qui vous appartient à vous et à nul autre. Votre intimité doit être respectée. Je sais que, dans ce jardin secret vous faites vos expériences et qu'il y a certains choix dont vous n'êtes pas forcément fiers.

Votre force viendra de votre capacité à accepter vos fautes, à rebondir, à vous amender, à devenir plus grands, plus forts, plus humbles.

Anaïs,

Je me souviens de ton premier mot : « Arrête ! » heureusement, la semaine d'après c'était : « Maman » !!

J'ai tout de suite su ta détermination à affronter la vie, à pouvoir dire non quand besoin était.

Ton énergie débordante m'étourdissait lorsque durant des heures, tu sautais sur le lit en chantant « mon petit lapin as-'ti di' (as-tu du) chagrin »….

Et puis tu es devenue grande sœur. Je sais que cela n'a pas toujours été facile car tu ne t'es pas octroyer le droit de ne pas être une grande sœur modèle. Tu as toujours eu une maturité supérieure à celle de ton âge réel. Il a été parfois difficile de trouver la balance à gérer cette petite fille de dix ans avec le raisonnement et la vivacité d'une personne plus âgée. J'ai très probablement failli à cet équilibre et te demande aujourd'hui de me pardonner. Il t'a également été difficile de subir, ce depuis ton plus jeune âge, les propos désobligeant d'adultes malintentionnés. Tu t'es renfermée au fil des jours et je sais que les conséquences se sont étalées dans le temps. Pourtant, tu étais si charmante, si mignonne avec tes petites rondeurs !

Aujourd'hui, tu t'es trouvée, tu te réalises. Au fil du temps. Mais n'oublie pas que tu as le droit de te tromper, de faire des erreurs, et que ne pas l'admettre fait plus de mal que de le reconnaître. La chrysalide a laissé place à une très belle jeune femme qui veut servir le monde.........

Merci d'être ma fille.......

Maëva,

Ma petite fille coquine....

Je me souviens du jour, tu avais alors deux ans, où je t'ai trouvé assise au milieu de toutes les photos que tu avais arraché de ton album de naissance. Tu voulais te regarder, m'as-tu dit.......

En grandissant, tu as perdu peu à peu confiance en toi. Tu as eu des moments difficiles peut- être dus à ta place de deuxième..... J'ai compris quand tu m'as confié ton 'secret' à treize ans que tu étais plus mal à l'aise que je ne pensais. Mais j'ai toujours su que tu étais très forte et que tu passerais les obstacles avec brio.

Tu as failli te perdre quelques fois et j'ai dû te secouer par des mots très durs. Et même si je sais qu'ils t'ont permis d'avancer, je te demande pardon de t'avoir peinée.

Tu dis que chaque jour qui passe te permet de voir la chance que tu as eu d'avoir reçu cette éducation. Cela prouve le chemin que tu as parcouru. Cela prouve la merveilleuse jeune femme que tu es devenue, tant à l'intérieur qu'à l'extérieur.

Merci d'être ma fille.........

Emmanuel,

Comme j'ai rigolé lorsque le franc a été remplacé, et que tout naturellement, tu as demandé si ton nom changerait et si tu t'appellerais désormais 0-euro !

J'ai trouvé dans mes papiers ces petits mots que tu m'écrivais quand tu étais petit. Tu laissais parler ton cœur, le vrai toi. Je décelais déjà le bouton de la sagesse qui n'attendait que le moment propice pour éclore. Tu as grandi, révélant la beauté de ton âme, tu es bon et généreux. Quelle fierté j'ai eu à découvrir que tu prenais de ton temps, entre tes études et ton travail, pour acheter des repas et les porter toi-même aux SDF dans les rues de Londres.

Cependant, tu as accumulé peu à peu de la révolte contre la 'mauvaise face du Monde'. Alors, tu te refuses à toi, le droit de ne pas être parfait.

Lorsque tu parles avec toi-même, tu dois accepter les désaccords entre vous deux pour mieux trouver l'harmonie. Tu dois accepter que ton âme et ton cœur sont en décalage avec ce que ton autre côté te dit Ne te lie pas à celui- ci pour être malheureux. Dis- toi qu'en aucun cas, il ne peut décider ni de tes pensées, ni de tes actes, ni de l'homme que tu dois être.

J'ai assurément été directe et dure en te disant quelques fois les choses, et si tu as été blessé, je te demande de m'en excuser. Mais je me dois de te dire la vérité. Mon fils, tu as tous les atouts pour être heureux. Tu as la force nécessaire à faire passer le bon message. Tu dois écouter ton toi qui es droit, honnête, sincère et qui accepte ses faiblesses. Ne te laisse pas entraîner où tu ne mérites pas d'être.

Merci d'être mon fils.........

Puisse cette chanson, qu' « Ensemble »
nous avons chanté, vous soutenir dans les
moments difficiles :

Ensemble, nous avons marché
Marché le long des sentes.
Ensemble, nous avons glané
Des fleurs au creux des sentes.

**Ensemble, ensemble,
Notre devise est dans ce mot,
Ensemble, tout semble plus beau.**

Ensemble, nous avons gémi
Sous le lourd sac qui brise.
Ensemble, nous avons frémi
Aux baisers de la brise.

**Ensemble, ensemble,
Notre devise est dans ce mot,
Ensemble, tout semble plus beau.**

Ensemble, nous avons chanté
Tous d'une même haleine.
Ensemble, nous avons jeté
Nos cœurs aux vents des plaines.

Ensemble, ensemble,
Notre devise est dans ce mot,
Ensemble, tout semble plus beau.

Ensemble, nous avons cherché
Le bois et la bruyère.
Nos fronts se sont illuminés
D'une même lumière.

Ensemble, ensemble,
Notre devise est dans ce mot,
Ensemble, tout semble plus beau.

Ensemble, nous avons appris
Bien mieux que dans les livres.
Ensemble, nous avons compris
Qu'il faut aimer pour vivre.

Et même si le chemin est encore long, même si mon cœur est quelques fois triste et pleure, mon Âme est sereine, car j'ai foi en vous, mes enfants. Je suis fière du parcours que vous avez déjà effectué, je suis fière des Hommes que vous êtes devenus.

A mes enfants que j'aime tant

.....Maman.

SOUVENIRS..... 13, 11, 6 ans

* Que ton coeur et ton âme soient aussi purs que l'eau de la source de dieu.

* Que ton regard soit aussi profond que l'océan de tes rêves.

* Une mère est une amie donnée par la nature.

* Merci de m'avoir donné la vie, merci d'avoir apporté le soleil dans mon coeur.

* Tu es l' ange, Chère je mie garde l'ange Je me vais pas te faire une Poésie et un discours car tu sais que je t'aime ; ces ques mots te prouser mon amour

Chère Maman,

Maman je t'aime

Maman je ne t'oublirais jamais. pardone moi pour mes bêtise. Je t'aime maman.

J'ai fait le tour......

Maintenant, mes enfants doivent faire leurs propres choix, trouver un équilibre entre leur bagage, leur comportement. . Cela est éprouvant et difficile.

Ont- ils choisi de vouloir fonctionner comme tout un chacun, quitte à se fourvoyer, ou ont- ils pris le chemin le plus laborieux, mais si noble ?.....

Je compte sur la beauté de leur âme, sur leur humanité pour faire la part des choses, j'ai la conviction qu'ils ont fait le bon choix.... Et tant qu'ils le désirent, je resterai toujours leur conseillère.

Ai- je des regrets sur les options que j'ai prises ? - Non. Car je sais que tout choix draine son lot d'avantages et d'inconvénients.

Je sais que je n'ai aucune maîtrise absolue des aléas, des situations de la vie.

Je sais que je ne suis pas la personnalité, l'âme de mes enfants.

Je sais que j'ai voulu et continue à faire de mon mieux, du fond de mon cœur avec Amour et Conviction.

Je sais que je suis un Être Humain avec mes forces et mes faiblesses.

Je sais que je n'ai pas joué faux jeu avec la vie.

Et vous qui lisez ce livre, nous vous invitons du bon côté. Si vous y êtes déjà, merci de tout cœur.

Soyons heureux, ensemble, dans la belle face du monde..........

Citations- Adages- Proverbes et petites phrases personnelles souvent utilisés comme support éducatif

Français

- Bien mal acquis ne profite jamais.

- Cent ans pour le voleur, un jour pour le maître.

- Il n'y a pas de grande réalisation sans prise de risque.

- Il faut apprendre à pêcher plutôt que de donner du poisson.

- Il ne faut pas tendre le bâton pour se faire battre.

- On ne peut exiger du respect si on ne se respecte pas et qu'on ne respecte pas les autres.

- Les conseilleurs ne sont pas les payeurs.

- Le plus important n'es pas où tu es, mais où tu vas.

- Le plus intelligent désamorce le conflit.

- Patience et longueur de temps font plus que force ni que rage.

- Qui vole un œuf vole un bœuf.

- Soldat blessé n'est pas mort.

- Tout ce qui ne tue pas rend plus fort.

Créole

- Adan la vi, sé yon a lot' : dans la vie, c'est un à l'autre ; il faut s'entraider, l'union fait la force

- An lanmen ka lavé lot : une main lave l'autre ;

Il faut s'entraider, l'union fait la force

- Fanm sé chatenn : la femme est une châtaigne ; quand elle tombe, elle trouve toujours la force de se relever.

- Makak ka toujou twouvé ich yo bel' : Tous les macaques trouvent leurs enfants beaux ; on est souvent aveuglé à l'endroit des siens.

- Rayi chyen, di dan'y blan : on peut haïr le chien mais on doit reconnaître que ses dents sont blanches ; l'honnêteté est la première des vertus.

- Sa ki pa bon pou zwa, pa bon pou kanna : ce qui n'est pas bon pour les oies ne l'est pas pour les canards ; il ne faut pas faire aux autres ce que l'on n'aimerait pas que l'on nous fasse.

- Se gren di ri ka fè gwo sak diri : ce sont les grains de riz qui font les sacs de riz ; les petites choses font les grandes choses.

- Tété pa tro lou pou lestonmak : les seins ne sont pas trop lourds pour l'estomac ; chaque problème à sa solution, rien n'est insurmontable.

- Tro présé pa ka fè jou wouvè : être trop pressé ne fait pas le jour se lever plus tôt ; rien ne sert de courir, il faut prendre le temps de faire les choses, avec sérénité.

Chansons :

- Cadeau : Marie Laforet

- Ensemble : Chant des scouts : Baden- Powell

A PROPOS DE L'AUTEUR

Romaine SAË est née en Martinique.

Après des études à l'Université Pierre et Marie Curie Paris VI (Biologie- Géologie) et à la Sorbonne Henry IV (Sciences de l'Education), elle a eu le privilège d'exercer un métier qui lui a tout apporté: professeur de Sciences.

Romaine a trois grands enfants. Elle aime la Vie, l'Être Humain, les Arts, la Nature dans tout son essence.

Ses plus grands désirs sont que les Hommes apprennent à vivre ensemble dans la belle face du Monde et qu'ils acquièrent en Humanité et en Humilité.